Ou casa ou vaza

Entenda de uma vez
por que é melhor ficar solteira
do que mal acompanhada

ALISON JAMES

Ou casa ou vaza

**Entenda de uma vez
por que é melhor ficar solteira
do que mal acompanhada**

Tradução
Claudia Costa Guimarães

CIP-BRASIL. CATALOGAÇÃO-NA-FONTE
SINDICATO NACIONAL DOS EDITORES DE LIVROS, RJ.

James, Alison

J29o   Ou casa ou vasa / Alison James; tradução: Claudia Costa
Guimarães. – Rio de Janeiro: Best*Seller*, 2009.

Tradução de: Better off wed?
ISBN 978-85-7684-190-6

1. Relações homem-mulher. 2. Mulheres solteiras –
Psicologia. I. Guimarães, Claudia Costa. II. Título.

09-0442   CDD: 306.7
CDU: 392.6

Texto revisado segundo o novo
Acordo Ortográfico da Língua Portuguesa.

Título original norte-americano
BETTER OFF WED?
Copyright © 2006 by Alison James
Copyright da tradução © 2008 by Editora Best Seller Ltda.

Capa: Sense Design
Diagramação: ô de casa

Todos os direitos reservados. Proibida a reprodução,
no todo ou em parte, sem autorização prévia por escrito da editora,
sejam quais forem os meios empregados.

Direitos exclusivos de publicação em língua portuguesa para o Brasil
adquiridos pela EDITORA BEST SELLER LTDA.
Rua Argentina, 171, parte, São Cristóvão
Rio de Janeiro, RJ – 20921-380
que se reserva a propriedade literária desta tradução

Impresso no Brasil

ISBN 978-85-7684-190-6

PEDIDOS PELO REEMBOLSO POSTAL
Caixa Postal 23.052
Rio de Janeiro, RJ – 20922-970

Para Vanessa e Tina

Agradecimentos

Gostaria de agradecer a Danielle Chiotti pela paciência, pelos inestimáveis feedbacks e pela fé no meu trabalho; a Gary Krebs, Beth Gissinger, Karen Cooper, Kirsten Amann e toda a equipe editorial, de vendas e de publicidade da Adams Media pela dedicação em publicar livros tão fantásticos. Também gostaria de agradecer a Bruce Vinokour pelo tempo e a ajuda dedicados. Expresso a minha mais sincera gratidão a todos os que apoiam o meu trabalho incluindo Shirley e Joseph Hovancik, Vanessa & Tony Shuba, Tina, Jesse e Patrick Reno, Kate Brame, Colette Curran, Liz Leo, Art Vomvas e Lisa Huffman. Agradeço em especial a Thomas Howe pelo amor, apoio e senso de humor. E, por último, mas não menos importante, quero expressar a minha sincera admiração a todas as mulheres e homens que contribuíram com opiniões, comentários e histórias, relatadas com tanto sentimento para este livro.

Um relacionamento duradouro não se baseia em uma escolha que se faça num determinado momento. Ele é composto por uma série de escolhas, escolhas que fazemos todos os dias para nos mantermos comprometidos com o amor que estamos construindo.

ANÔNIMO

Sumário

Introdução 11

Capítulo 1
Você simplesmente sabe... mas será que sabe mesmo?   15

Capítulo 2
Ouse comparar
(Será que tem alguém melhor por aí?)   55

Capítulo 3
O gostinho da realidade, meu bem   77

Capítulo 4
Conflitos de interesse   105

Capítulo 5
Só nós dois   139

Capítulo 6
Quem é esse cara?   165

Capítulo 7

O eu solteiro   191

Capítulo 8

O caimento perfeito   217

Capítulo 9

O tipo que assume compromissos   241

Capítulo 10

Vá em frente... mostre esse dedo   263

Conclusão   283

Referências   285

Sobre a autora   287

Introdução

Se você foi como a maioria das crianças, cresceu com pesadas doses de contos de fadas, canções de amor xaropes e filmes enaltecedores na sessão da tarde. É claro que os seus pais aprontaram alguma coisa de disfuncional durante o percurso – sua mãe acrescentou água ao molho de salada para que durasse mais, ou seu pai disse que você ficava gorda com aquele suéter volumoso. Mas além dessas besteirinhas cometidas pelos seus pais, sua vida provavelmente foi cheia de mensagens positivas que exerceram influência suficiente sobre você para mantê-la colocando coraçõezinhos em vez de pingos nos *is* por uma década, ou mais. Assim, quando os seus pais ou irmãos diziam coisas como "Um dia o príncipe encantado vai chegar num corcel branco" ou "É preciso beijar um monte de sapos antes de encontrar o seu príncipe", você acreditou. Não é só uma questão de tempo até toda mulher encontrar o cara certo, se apaixonar e viver feliz para sempre?

Quando os meninos começam a nos passar em altura e nós passamos a notá-los por algo mais do que os seus cabe-

OU CASA OU VAZA

los "corte de cuia", começamos a nos animar sobre namorarmos e nos casarmos com um homem. Temos quase certeza de que essa coisa de amor é algo que acontece com todo mundo e que acontecerá conosco também. Conhecemos casais com problemas, ouvimos homens e mulheres se queixarem uns dos outros e temos notícia de um monte de divórcios (talvez até mesmo o dos nossos próprios pais), mas temos certeza de que essas pessoas simplesmente não conheceram suas verdadeiras caras-metades. Indo direto ao ponto, elas simplesmente ainda não conheceram "*O* Cara". ("*O* Cara" precisa ser dito em voz alta e com vigor, como se acompanhado por trovões enviados pelo céu. Se estiver sol lá fora, uma suave música de harpa já funciona.)

"*O* Cara" é aquela pessoa com a qual você se conectará e que trará a mais completa satisfação e encantamento à sua vida. É aquele cara que aparecerá na porta da sua casa trazendo suas flores favoritas, que lhe pedirá em casamento declamando versos pentâmetros iâmbicos e que, então, viverá como um belo e servil criado durante anos e anos. Ah, claro, e também torcerá pelo time do seu pai, achará o seu buço uma graça e nunca, nem em sonho, beberá o último gole de café no dia da sua entrevista de trabalho importante.

Quando começamos a namorar, temos certeza de que, um dia, conheceremos esse "Único" ser ilustre, perfeito, capaz de mudar a nossa vida, e que quando o conhecermos, uma música vai tocar ou um raio de luz surgirá e nos dirá, sem equívocos, que ele é o cara certo. Assim, namoramos e aguardamos esse sinal, e, realmente, o conhecemos – bem, mais ou menos. Conhecemos um cara que amamos, mas ao contrário do cara que

12

achamos que conheceríamos, ele não é tão perfeito assim. Ele é dotado da capacidade de mudar a nossa vida, mas nem sempre da maneira que esperávamos. E achamos que talvez a música até tenha tocado, mas não temos 100 por cento de certeza. Assim, perguntamos: "É isso mesmo? E se houver alguma coisa melhor por aí? Quanto trabalho dá um relacionamento? Alguém sabe, realmente, se ele é "*O* Cara"?

Ou casa ou vaza vai ajudar a responder a essas perguntas e muito mais. Além disso, irá explorar as suas maiores dúvidas e os sentimentos mais complicados sobre o cara com quem você está saindo. Baseado em comentários e sacações de milhares de mulheres que se encontram em relacionamentos felizes e duradouros, ele lhe ensinará quais questões são realmente significantes e quais não têm a menor importância. Você compreenderá por que mesmo os melhores relacionamentos podem ser desconfortáveis e imprevisíveis. Eles nem sempre começam com a princesa sendo resgatada de uma torre e culminam num casamento milionário. Mas isso não significa que esses casais não vivam felizes para sempre. Muitos vivem, sim – e você também pode.

Capítulo 1

Você simplesmente sabe...

MAS SERÁ QUE SABE MESMO?

Como você sabe que conheceu "*O* Cara"? Faça essa pergunta numa sala cheia de gente e pelo menos um casalzinho presunçoso responderá, ávido e em uníssono: "Você simplesmente sabe!" Então pronto – viu só como é fácil? A história é assim: um cara e uma garota dão de cara um com o outro no balcão de uma delicatéssen, o cupido aparece e eles saem saltitantes em direção ao pôr-do-sol, de braços entrelaçados. É assim que o amor verdadeiro começa, não é?

Pare um minuto e faça uma lista dos casais que você conhece que tiveram um início tranquilo no percurso que os levou ao "viveram felizes para sempre". Não é muito longa essa lista, é? Então por que é que insistimos nessa ideia do começo perfeito? Ela é um bom indicador de como um relacionamento se desdobrará?

Se você estiver com dúvidas a respeito do seu cara porque não foi arrebatada de amores por ele da primeira vez em que o viu, continue a ler. Se você sabe que o ama, mas aquela paixão avassaladora está começando a minguar, continue a ler. É hora de compreender o que "amor à primeira vista" realmente significa e decidir até que ponto ele tem algum papel a desempenhar em relacionamentos bem-sucedidos.

Amor à primeira vista

A sua ideia do que significa conhecer "*O* Cara" provavelmente foi cimentada na mais tenra idade enquanto você assistia aos desenhos do Looney Tunes nas manhãs de sábado. Você viu o olhar do Pepe Le Gambá cruzar com o de uma linda gambazinha fêmea e ele entrar em transe. Essa cena de amor é corriqueira na nossa cultura, reproduzida repetidamente em peças clássicas como *Romeu e Julieta*, de Shakespeare, em histórias infantis, como *A Gata Borralheira,* e em grandes sucessos de bilheteria como *Titanic* e *Escrito nas Estrelas*. Até termos idade para namorar, a ideia do amor à primeira vista já está gravada nas nossas mentes. Assim, esperamos ansiosamente para que aconteça conosco, para que um cara passe por nós, nos arrebate de paixão e nos traga uma vida inteira de felicidade.

Atração instantânea

Centenas de caras podem entrar e sair da sua vida, mas, de vez em quando, um entra no ambiente e, antes mesmo de você saber o seu nome, tem certeza de que ele é, simplesmente, fabuloso. A partir do instante em que você o vê, não consegue se concentrar em mais nada. Você se vê dominada por um "barato" que é melhor do que chocolate, melhor do que dormir, melhor do que uma bela overdose de gás do riso no dentista. Esse "barato" é o sentimento que chamamos de amor à primeira vista. Faz parte da natureza humana fazer julgamentos súbitos. Estudos mostram que as pessoas se apaixonam umas pelas outras nos primeiros minutos de conversa. Mas a maioria de nós não precisa de uma pesquisa que nos aponte essa verdade. Sabemos muito rapidamente quando nos sentimos atraídos por algumas pessoas e não por outras. A verdadeira pergunta é esta: "Uma vez que o conhecemos e que nos sentimos atraída por ele, o que vem a seguir?"

O nosso anseio por um romance hollywoodiano nos leva a acreditar que quando duas pessoas se apaixonam instantaneamente, esse encontro será seguido por uma ligação intensa, duradoura, que permanecerá intocada pelo tempo, pela distância ou, até mesmo, pelos vilões monstruosos com poderes mágicos. Os nossos circuitos internos vieram instalados de maneira a nos fazer acreditar que o amor à primeira vista é um sinal do destino, uma indicação divina de que conhecemos "*O* Cara". Os românticos modernos chamam essa pessoa de alma gêmea, aquele indivíduo colocado na terra para você e apenas para você. Tudo isso soa muito bonito na teoria, não é mesmo? Mas, na prática, o amor verdadeiro é só um pouquinho mais complicado.

OU CASA OU VAZA

> Você acredita em amor à primeira vista ou vou ter de desfilar na sua frente mais uma vez?
>
> ANÔNIMO

Os sábios opinam

Na vida real, vocês dois podem estar completamente apaixonados e, ainda assim, não terem o encaixe perfeito para um relacionamento duradouro. Por mais que vocês se amem, ele nem sempre vai estar morto de vontade de fazer uma massagem nas suas costas cansadas e de lhe preparar o jantar. Você nem sempre achará graça na gargalhada dele – metade-risada, metade-resfôlego. Especialistas têm uma profusão de provas que contradizem a ideia de que o amor à primeira vista seja um bom prognóstico do sucesso de longo prazo num relacionamento.

VOCÊ SIMPLESMENTE SABE...

As descobertas

As descobertas feitas sobre o amor à primeira vista podem ser tão confusas quanto a ideia em si. Use este "tradutor de especialistas" para tentar encontrar algum sentido nesses insights. Então, pense no que talvez signifiquem no contexto do seu próprio relacionamento.

Segundo os pesquisadores SHANHONG LUO E EVA C. KLOHEN DA UNIVERSIDADE DE IOWA, SEMELHANÇAS NAS PERSONALIDADES TÊM FORTE INFLUÊNCIA SOBRE A FELICIDADE CONJUGAL, SÓ QUE A GENTE LEVA ALGUM TEMPO PARA CONHECER O OUTRO BEM O SUFICIENTE E COMPREENDER A SUA PERSONALIDADE.

Em outras palavras: O AMOR À PRIMEIRA VISTA PODE SER ENGANOSO. VOCÊ, NA VERDADE, NÃO SABE COISA ALGUMA SOBRE O SUJEITO, EXCETO QUE ELE NÃO ESTÁ PRESO A NINGUÉM NAQUELE MOMENTO.

A pesquisadora Cindy Hazen, PSICÓLOGA DA CORNELL UNIVERSITY, DESCOBRIU QUE A SENSAÇÃO DO AMOR À PRIMEIRA VISTA, OU A PAIXÃO, É UMA REAÇÃO BIOLÓGICA QUE EXISTE UNICAMENTE COM O PROPÓSITO DE NOS ENCORAJAR A REPRODUZIR. ELA VAI DIMINUINDO, GRADATIVAMENTE, EM DEZOITO OU TRINTA MESES.

Em outras palavras: DE INÍCIO, A ATRAÇÃO FÍSICA É EXCITANTE, MAS SE ESSA FOR A ÚNICA COISA QUE OS ESTIVER MANTENDO JUNTOS, VOCÊS PROVAVELMENTE NÃO VÃO SE GOSTAR POR MUITO TEMPO.

OU CASA OU VAZA

Segundo um estudo conduzido por Donatella Marazziti e Domenico Canaleb, DA UNIVERSIDADE DE PISA, NA ITÁLIA, O CÉREBRO LIBERA SUBSTÂNCIAS QUÍMICAS CAUSADORAS DE UMA SENSAÇÃO POSITIVA QUE INTERPRETAMOS COMO SENDO O AMOR À PRIMEIRA VISTA. ESSAS SUBSTÂNCIAS SÃO SIMILARES AOS HORMÔNIOS DO ESTRESSE.

Em outras palavras: O QUE VOCÊ ESTÁ INTERPRETANDO COMO UM SINAL DIVINO É, NA VERDADE, AS REAÇÕES QUÍMICAS DO SEU ORGANISMO ENTRANDO EM PARAFUSO.

O pesquisador C. Neil MaCrae, DA DARTMOUTH UNIVERSITY, E SEUS COLEGAS REALIZARAM UM ESTUDO NO QUAL DESCOBRIRAM QUE AS MULHERES EXPRESSAM PREFERÊNCIA POR ROSTOS E TRAÇOS MASCULINOS QUANDO SE ENCONTRAM NUM PERÍODO MAIS FÉRTIL DO CICLO MENSTRUAL. SENSAÇÕES DE ATRAÇÃO ESTÃO FORTEMENTE LIGADAS A PROCESSOS BIOLÓGICOS.

Em outras palavras: A ATRAÇÃO FÍSICA QUE VOCÊ SENTE NÃO É MUITO CONFIÁVEL. O SEU RELACIONAMENTO PRECISA SER BASEADO EM ALGO A MAIS SE VOCÊ QUISER QUE DURE.

Ken Potts, CONSELHEIRO PASTORAL E TERAPEUTA FAMILIAR E DE CASAIS, APRENDEU QUE: "A ATRAÇÃO INICIAL, OU PAIXONITE, PODE UNIR AS PESSOAS, MAS NÃO NECESSARIAMENTE AS MANTÊM JUNTAS. CASAMENTOS REALMENTE SAUDÁVEIS PARECEM SER UMA MISTURA COMPLEXA DE ROMANCE E AMIZADE."

Em outras palavras: ENCONTRAR O CARA CERTO NÃO É TÃO SIMPLES QUANTO CRUZAR O OLHAR COM UM HOMEM LINDO NUM SALÃO CHEIO DE GENTE.

Dr. Ted Huston, PROFESSOR DE PSICOLOGIA E ECOLOGIA HUMANA DA UNIVERSIDADE DO TEXAS, EM AUSTIN, DESCOBRIU QUE DEPOIS DE DOIS ANOS DE CASAMENTO, AMANTES MENOS ARDOROSOS SENTEM-SE TÃO FELIZES QUANTO OS QUE AFIRMARAM TER VIVIDO UM CASO DE AMOR À PRIMEIRA VISTA.

Em outras palavras: VOCÊ PODE TER UM RELACIONAMENTO FELIZ, SATISFATÓRIO E DURADOURO COM UM HOMEM MESMO SE NÃO TIVER FICADO APAIXONADA POR ELE ASSIM QUE O CONHECEU.

VOCÊ SIMPLESMENTE SABE...

Esses especialistas nos dão muitos motivos para acreditarmos que essa atração transformadora talvez não seja tão transformadora assim. Mas ninguém precisa da palavra de um cientista para se convencer de que o cara com o qual a gente está obcecada no momento nem sempre nos cairá bem como uma luva a longo prazo. Podemos lançar mão de lembranças e experiências pessoais para chegar à mesma conclusão.

● ●

Mergulhos demais num mar de imbecis

Todas nós já conhecemos homens que simplesmente adoramos... por alguns dias ou, talvez, até mesmo um mês. Então, o sr. Maravilha começa a dar nos nervos. Ele surge à nossa porta mais-feio-do-que-o-cão-chupando-manga e bebe a última gota de suco de laranja direto da caixa. Ele simplesmente não é o homem agradável e atencioso que pensamos que fosse – à primeira vista.

Todas nós já tivemos a nossa parcela de experiências com o amor à primeira vista que saiu pela culatra. É só dar uma forçadinha na memória e pensar nos caras com quem você achou que poderia se casar, mas que hoje só dão nojinho.

- A PAIXONITE EVASIVA – aquele cara lindinho sobre o qual você fantasiou de longe durante meses apenas para conhecê-lo e descobrir que ele gostava de brincar com as Barbies da irmã.
- O BOMBONZINHO (SUJEITO BONITO E BURRO) – aquele cara adorável, mas totalmente sem noção, com o qual você andou saindo até se dar conta de que jamais o apresentaria aos seus pais.

21

OU CASA OU VAZA

- O NAMORADINHO DA ESCOLA – você achava tão fofo ele dançar break naquela época, o que na reunião da turma, anos mais tarde, já não era mais tão fofo assim.
- O BABACA INFIEL – ele declarou amor eterno a você, depois a traiu com *todas* as garotas mais sem graça da cidade.
- A CELEBRIDADE – ele lhe parecia bem mais atraente antes de você o conhecer, simplesmente porque todo mundo o achava um gato.
- O DESCOLADO DA BALADA – você dançou com ele a noite toda apenas para descobrir que era a coisa mais horrenda do mundo quando as luzes se acenderam.

> Senti uma ligação instantânea com um cara e não conseguia parar de pensar nele durante toda a primeira semana depois que nos conhecemos. Eu tinha certeza absoluta de que era aquele o homem certo para mim. Saímos três vezes e ele nunca mais ligou.
>
> SARAH, 28 ANOS

Começos da vida real

De vez em quando, as pessoas realmente se apaixonam umas pelas outras, logo de cara, e o relacionamento se transforma em algo maravilhoso. Em outras ocasiões, a coisa começa quente e acaba sendo um desastre completo. Algumas vezes o amor à primeira vista nem dá as caras quando as pessoas se conhecem e, no entanto, elas acabam casadas e felizes por sessenta anos.

Então, como é conhecer "*O Cara*" na realidade? Existe alguma forma absoluta de "simplesmente saber"? Eis o que mulheres têm a dizer de verdade sobre o assunto.

O amor na telona

Aceitamos com facilidade o fato de que as celebridades aparentam ser mais interessantes do que qualquer outra coisa quando estão nas telas, mas, por alguma razão, não conseguimos aceitar o fato de que as histórias de amor de Hollywood são versões romantizadas da verdade. Quando você está saindo com um cara, lembre-se de que o amor é mais difícil e menos glamoroso do que parece ser nos filmes. Não compare o seu relacionamento de verdade aos de mentirinha.

- "'*O Cara*' tem de ter a mistura exata de beleza, personalidade, sex appeal, inteligência e humor. O problema é que eu não sei, na verdade, qual seria a proporção correta." – Samantha, 22 anos.
- "Você sabe que conheceu o cara certo quando vocês dois se importam, verdadeiramente, com o bem-estar um do outro. Algumas vezes, os caras pelos quais nós mais babamos são aqueles que estão pouco se importando se estamos vivas ou mortas." – Beth, 37 anos.
- "O riso é o que realmente faz um casal dar certo, e vocês dois não riem juntos até já se conhecerem há algum tempo." – Meredith, 44 anos.
- "O cara certo para você depende do momento em que você se encontra na vida, quais são os seus valores e aonde você se vê indo. O cara não deve se enquadrar em todos os seus trinta requisitos; mas se encaixar nos seus cinco principais." – Caitlin, 31 anos.

OU CASA OU VAZA

- "Se você pudesse ficar presa com ele num barquinho no meio do oceano, durante dias, sem nunca ficar sem assunto, já sabe que ele é o cara certo." – Kara, 25 anos.

Conhecer "O Cara", o sujeito com o qual você irá passar o resto da vida, pode gerar um monte de sensações diferentes. Não existe uma sensação única para a qual você pode apontar e dizer: "É isto. Esta é a sensação de se conhecer o homem dos nossos sonhos". Pode rolar de uma maneira para você e de outra, completamente diferente, para a sua melhor amiga. Alguns casais começam sendo apenas amigos. Outros não se toleram assim que se conhecem. Outros, ainda, se conheciam há anos antes de sacarem que haviam encontrado o seu par.

Não existe uma fórmula ou resposta únicas. Todos esses primeiros encontros são corretos à sua própria maneira – de todos eles pode nascer um amor para toda a vida.

Eu fui gostando dele pouco a pouco

Algumas mulheres não sentem uma atração inicial muito forte assim que conhecem o homem pelo qual se apaixonam. Na verdade, ele a conquistou após vários encontros ou saídas. Embora ele não a tenha atraído logo de início, do ponto de vista físico, à medida que ela o foi conhecendo, começou a achá-lo atraente.

A atração física pode ir crescendo por diversos motivos. Você pode se sentir mais atraída por um cara depois de ele expressar o seu amor por você. Algumas vezes, saber que uma

VOCÊ SIMPLESMENTE SABE...

pessoa nos ama nos deixa mais aberta ao relacionamento. Você talvez se sinta mais fisicamente atraída por um homem apenas depois de descobrir quais outras qualidades ele possui, como confiança, bondade e, até mesmo, o potencial de ganho financeiro. Da mesma forma, um sujeito que parece ser interessante, de início, pode se tornar bem menos interessante quando você conhece a sua personalidade.

Assim, não exclua um cara só porque você não ficou perdida de amores por ele logo de cara. Ele até pode ter lhe parecido ser meio nerd ou excessivamente ansioso, mas há muitas mulheres por aí que começaram pensando da mesma forma e que, mais tarde, mudaram de ideia. Eis o que algumas têm a dizer:

- "Na faculdade, ele passou um ano me seguindo por todos os lados, me implorando para que eu saísse com ele. Finalmente aceitei e hoje não consigo imaginar a minha vida sem ele. Nunca em minha vida estive tão feliz." – Kristin, 27 anos.
- "Nos primeiros seis meses depois que nos conhecemos, eu apenas o considerava mais um membro do nosso grupo de amigos. Foi só depois de eu terminar um relacionamento muito ruim que passei a enxergá-lo com outros olhos." – Megan, 28 anos.
- "O nosso relacionamento foi se desenvolvendo com o tempo e se fortalece a cada experiência que temos juntos. O mais engraçado é que, de início, eu nem o notei, e trabalhávamos no mesmo corredor, a poucas portas um do outro." – Keri, 33 anos.
- "Ele me ligava todos os dias e perguntava: 'Que tal agora? Você vai sair comigo?' Apesar disso, ele não agia como se estivesse me perseguindo. E fazia graça a respeito da própria insistência. Então, eu finalmente aceitei e estamos juntos desde então." – Tina, 40 anos.

Quando a atração vai crescendo com o tempo, você tem a chance de *realmente* conhecer um homem como pessoa e como amigo. Você também tem a oportunidade de se livrar dele se ele não combinar com você num nível mais significativo. No final das contas, esse conhecimento íntimo da personalidade dele lhe proporcionará um alicerce mais sólido para um relacionamento duradouro do que qualquer elemento físico seria capaz.

Amigos para sempre

A amizade é uma maneira bastante comum para o início de um relacionamento duradouro. E faz sentido. A base de um casamento feliz é a amizade e o conhecimento mútuo. Vocês se conhecem num ambiente de pouca pressão, como a faculdade ou o trabalho, de maneira que possam desenvolver alguns dos componentes críticos para um bom relacionamento, como a confiança, a compaixão e um certo grau de bem-estar com o compartilhamento dos seus sentimentos verdadeiros. Assim, se você o conhece há séculos, mas nunca teve aquele momento em que "a música tocou", relaxe. Ela não costuma tocar quando você está na aula de matemática ou numa reunião tensa de trabalho, o que não quer dizer que jamais irá tocar. Muitas mulheres se casam com homens que conheceram ao longo de anos e anos. Com frequência, foram amigas próximas desses homens antes de se envolverem em uma relação amorosa com eles. Eis o que mulheres que viveram esse tipo de situação têm a dizer:

- "Eu o conheci no penúltimo ano do ensino médio e éramos bons amigos. Começamos a namorar, mas terminei com ele depois de

VOCÊ SIMPLESMENTE SABE...

três meses para começar a sair com um cara do último ano. Nos encontramos dez anos depois e estamos inseparáveis desde então." – Diana, 38 anos.

- "Eu devo ter namorado todos os amigos dele, mas sempre acabava conversando com ele sobre os meus problemas amorosos. Um dia, acordei e me dei conta de que aquele cara tinha passado por tudo aquilo comigo. Era com ele que eu queria estar." – Kate, 26 anos.

- "Ele me ajudou a enfrentar a morte do meu pai e outras experiências difíceis da minha vida. Sempre esteve presente quando precisei dele e não consigo imaginar minha vida sem ele." – Michelle, 29 anos.

- "Acabamos convivendo porque ele trabalhava com a minha irmã. Nunca pensei nele como um namorado em potencial, mas um dia ele me convidou para sair. Fiquei chocada, mas quando parei para pensar, fez todo o sentido para mim. Nos demos muito bem." – Sharaine, 32 anos.

- "O primeiro bilhete que ele escreveu para mim foi em um pedaço de cartolina, com lápis de cera, na primeira série." – Ashley, 33 anos.

> Amizades frequentemente acabam em amor; mas o amor nunca acaba em amizade.
>
> CHARLES CALEB COLTON

OU CASA OU VAZA

O indicador telefônico

Assim que você começa a sair com um cara, pode aprender muito sobre ele pelo que diz e faz ao telefone. Escute com cuidado. Mas não preste atenção só nas palavras. Absorva o quadro como um todo. Você poderá economizar um bocado de tempo e dores de cabeça aguçando os ouvidos e ouvindo bem.

A mensagem bebum EM GERAL, TELEFONAR SOB A INFLUÊNCIA DE BEBIDAS ALCOÓLICAS É UM ATO INOFENSIVO. SE ELE, DE VEZ EM QUANDO, LIGA QUANDO ESTÁ BÊBADO, ESTÁ PENSANDO EM VOCÊ ENQUANTO ESTÁ NA BALADA, SE DIVERTINDO, E ISSO É ÓTIMO. MAS SE ELE SÓ LHE TELEFONA E QUER VÊ-LA ÀS TRÊS DA MANHÃ QUANDO ESTÁ BEBUM, ISSO JÁ É OUTRA HISTÓRIA.

A mensagem carente SE ELE LIGA CINQUENTA VEZES POR DIA E DEIXA MENSAGENS LAMURIENTAS, TALVEZ SEJA UM TIPO MEIO CARENTE. É BACANA OUVI-LO DIZER: "ESTOU LOUCO PARA VER VOCÊ" DE VEZ EM QUANDO, MAS SE A FITA ESTIVER CHEIA, SUA CAIXA DE CORREIOS ABARROTADA DE CARTAS DE AMOR E VOCÊ JÁ ESTIVER ÍNTIMA DO FLORISTA, TALVEZ ELE ESTEJA LEVANDO A ADORAÇÃO UM POUCO LONGE DEMAIS.

A ligação por obrigação SE ELE PARECER APRESSADO, COMO SE ESTIVESSE FAZENDO OUTRA COISA ENQUANTO FALA COM VOCÊ, NÃO LIGUE PARA ELE DE NOVO ATÉ ELE SE ESFORÇAR MAIS. ALGUMAS VEZES, OS HOMENS BATEM PONTO SÓ PARA PODER SE ENCONTRAR COM VOCÊ EM OUTRA OCASIÃO. SE VOCÊ TIVER A SENSAÇÃO DE QUE ELE NÃO QUER CONVERSAR DE VERDADE, OBEDEÇA AOS SEUS INSTINTOS E ESQUEÇA-O.

Ligando da rua SE O SUJEITO ESTÁ SEMPRE PASSANDO POR UM TÚNEL, NUM TREM OU SE PREPARANDO PARA LEVANTAR VOO QUANDO DISCA O SEU NÚMERO, VOCÊ PRECISA SE PERGUNTAR POR QUE ELE NÃO SE DÁ AO TRABA- LHO DE ENTRAR EM CONTATO COM VOCÊ QUANDO ESTÁ PARADO NUM ÚNICO LUGAR. SERÁ QUE ESTÁ ESCONDENDO MULHER E FILHOS EM CASA? SERÁ QUE É OCUPADO DEMAIS PARA ESTAR COM VOCÊ? O HOMEM DO CELULAR VAI COMEÇAR A IRRITÁ-LA DEPOIS DE ALGUM TEMPO. ENTÃO, SE ELE NÃO MU- DAR, MERECE UM PÉ NA BUNDA.

Viva voz ORA, ORA, SERÁ QUE ELE REALMENTE PRECISA COLOCAR VOCÊ NO VIVA VOZ QUANDO LHE TELEFONA? ELE É *TÃO* IMPORTANTE ASSIM? OU CHAMOU DEZ PESSOAS PARA IREM À SALA DELE OUVIREM A SUA VOZ? SE A INTENÇÃO DELE É QUE OS AMIGOS CONVERSEM COM A NAMORADA NOVA E LINDINHA, ELE É UM CARA LEGAL. PORÉM, SE ELE QUER QUE VOCÊ SAIBA QUE ELE ESTÁ SENTADO NUMA COBI- ÇADA SALA COM JANELAS, COM OS PÉS PARA CIMA, TAGARELANDO SEM PARAR, LI- VRE-SE DO BABACA PRETENSIOSO.

Nada além de torpedos E SE NÃO HOUVER TELEFONEMAS, APENAS UMA PA- LAVRINHA PIPOCANDO NO SEU TELEFONE DE VEZ EM QUANDO? VOCÊ PRECISA SE PERGUNTAR POR QUE ELE É UM HOMEM DE TÃO POUCAS PALAVRAS. VOCÊ TEM OUVIDO A VOZ DELE ULTIMAMENTE? ELE PARECE SER UM SUJEITO NORMAL? CUIDA- DO COM CARAS QUE SÓ SE COMUNICAM ATRAVÉS DE TORPEDOS. É BEM PROVÁVEL QUE VOCÊ SEJA APENAS UMA DAS MUITAS GAROTAS QUE RECEBEM AS SUAS ATUA- LIZAÇÕES NOTURNAS.

● ● ● ● ● ● ● ● ● ● ● ● ● ● ● ● ● ● ● ●

Eu o achei um imbecil

Existem várias mulheres no outro extremo – elas não tolera- ram o sujeito quando o conheceram. Então, depois de o conhe- cerem, deram-se conta de que ele não era tão chato quanto achavam. Embora nos lembremos das nossas primeiras impressões das pessoas, elas não são sempre 100 por cento corretas. A nossa primeira impressão de um cara é, com frequência, baseada no quanto ele parece estar interessado em nós, e na sua linguagem corporal. Assim, se ele estiver com um grupo de amigos e tentando impressioná-los, podemos tirar a conclusão errada de que ele é metido. Alguns homens se portam como imbecis de propósito. É o jeito deles de flertar. Como não sabem lidar com os próprios sentimentos ou como abordar uma mulher de maneira positiva, a abordam da única maneira que sabem: atacando. Assim, o seu cara não é necessariamente o homem errado só porque você sentiu vontade de lhe dar uma bolacha na primeira vez em que vocês se encontraram. Alguns relacionamentos muito bem-sucedidos começam assim. Mulheres que hoje se encontram em relacionamentos satisfatórios com um homem que um dia acharam desprezível, dizem coisas do tipo:

- "Minhas amigas e eu sempre íamos a um bar e ele ficava numa sala dos fundos jogando dardo com os amigos. Ele andava como se fosse dono do lugar e aquilo realmente me irritava. Hoje, eu me dou conta de que ele só estufa o peito quando está bêbado e de que aquilo não é nenhum indicativo da personalidade dele." – Jen, 26 anos.
- "Eu me vi tendo de conviver um verão inteiro com ele porque era amigo de uns amigos meus. Realmente o achei um idiota completo. Vivia correndo atrás das mulheres e falava delas como se fossem pedaços de carne. No final das contas, ele estava a fim de mim aquele tempo todo e se achando o máximo agindo daquele jeito." – Dana, 35 anos.

VOCÊ SIMPLESMENTE SABE...

- "Eu tinha ouvido falar muito dele através de amigos. Viviam dizendo que ele era arrogante, então, quando o vi, nem quis falar com ele. Hoje, até mesmo os meus amigos admitem que estavam enganados. Ele é o cara mais bacana do mundo." – Hannah, 27 anos.
- "Ele e eu nos conhecemos quando advogávamos para lados opostos num caso, há cinco anos. Eu o odiava por tornar a experiência tão difícil. Jamais imaginei que acabaria namorando aquele homem. Depois, quando aquilo tudo acabou, ele me convidou para sair e o resto já entrou para a história." – Maggie, 38 anos.

Amor unilateral

Se o amor à primeira vista é "o sinal divino" de que você está com a pessoa certa, por que é que, em alguns casos, só um dos integrantes da parceria o sente? Muitas dessas atrações químicas unilaterais podem se transformar em relacionamentos de grande dedicação que duram toda a vida. Uma das partes é, simplesmente, um romântico incurável, e a outra demora um pouco mais para embarcar no cruzeiro do amor. Mulheres que vivem relacionamentos que começaram assim dizem coisas como:

- "Para ele, a atração foi instantânea, mas para mim ela foi crescendo. Eu simplesmente não sou o tipo de pessoa que se cega por coisa alguma. Racionalizo as coisas." – Catherine, 40 anos.
- "Ele disse que eu era bonita demais para ele. Dez anos depois, ele é muito mais paquerado do que eu." – Laurie, 38 anos.
- "Ele diz que eu gosto mais dele do que ele de mim, mas eu sempre tive a sensação de que ele me idolatrava. Shhh. E é verdade. Ele realmente me idolatra." – Holly, 30 anos.

Nada de fórmulas

A que ponto é viável a fórmula homem + mulher + amor à primeira vista = relacionamento de longo prazo bem-sucedido? A atração química é uma sensação maravilhosa, mas precisamos analisá-la sob uma ótica mais crítica. Não podemos pressupor que é o melhor início para um relacionamento só porque nos dizem que é. Muitos relacionamentos de longo prazo, que funcionam, não têm um início tão erótico. Não começam com um momento de clareza absoluta. Na realidade, a maioria dos relacionamentos duradouros começa com algum grau de dúvida. Uma reação química não garante o sucesso de um relacionamento da mesma forma que uma etiqueta de estilista famoso não garante que os seus lindos sapatinhos de salto alto a farão sobreviver a uma caminhada de quinze quilômetros. Da mesma forma, a ausência daquela explosão química inicial não fada um casal a uma vida de tédio, infelicidade e falta de paixão. Relacionamentos podem começar de muitas outras maneiras e todas podem levar a uma vida inteira de amor se outros detalhes importantes estiverem no lugar certo.

Tamanho único?

Toda essa reflexão ainda não responde à pergunta mais urgente: Como saber se ele é "*O* Cara"? A essa altura você já deve ter adivinhado a verdadeira resposta: não existe *uma forma de saber*. A abordagem "tamanho único" funciona bem para echarpes e brincos, mas, infelizmente, não funciona para o amor. Num mundo no qual as mulheres são tão diferentes umas das outras e têm necessidades tão diversas, não dá para colocar todas nós num único balaio. Encontrar um amor para a vida toda vai significar uma coisa única e especial para cada uma de nós. Com isso em mente, lembre-se de que a sensação de conhecer "*O* Cara" talvez seja uma para você, outra para a sua melhor amiga, outra para a sua irmã, outra para uma colega de trabalho. Não existe uma maneira que ela "deva" ser, então se alguém tentar lhe dizer, cheio de certeza, que sabe exatamente como é, não leve muito a sério. Você precisa decidir sozinha como a sua experiência deve ser com base na sua personalidade e nas suas necessidades.

O amor para iniciantes

Ao serem somados, muitos fatores podem resultar em amor duradouro, então não se prenda a uma equação em especial.

- Homem + mulher + amizade = amor duradouro
- Massagista bonitão + mulher = amor duradouro
- Homem + mulher + metas e sonhos compartilhados = amor duradouro
- Homem que gosta de comprar sapatos + mulher = amor duradouro
- Homem cheio de grana + mulher + jardineiro bonitão = amor duradouro

O Ser Racional

Suas contas são sempre pagas em dia, suas roupas são penduradas de acordo com as cores e seus livros arrumados em ordem alfabética. Você nunca toma uma decisão importante sem pesá-la cuidadosamente – quer ela diga respeito a trocar de emprego, comprar um carro ou uma casa. Então, naturalmente, você encara o amor da mesma maneira. Mas o amor não é um problema a ser solucionado. Não existe uma resposta absolutamente certa. Isso talvez a deixe desconfortável. Você é o Ser Racional.

> **Sua versão do amor à primeira vista:** Ele é uma gracinha... mas será que é o cara certo? E se nossos filhos herdarem essa risada ridícula?
>
> **Sua grande questão:** Se este é *o* cara, por que é que tenho tantas inquietações?

Uma mulher que encara a vida com cautela provavelmente encarará os seus relacionamentos dessa mesma maneira. Para ela, o amor é como um experimento de química. Ela o analisa, tenta pesar os resultados e fica atordoada caso ocorra uma explosão que ela não previa. Se essa descrição se parece com você, reconheça que você sempre fará perguntas quando conhecer um cara e tentará fazer com que todas as peças se encaixem. O amor é, naturalmente, desajeitado, e isso pode torná-lo desconfortável para você, mas o amor também é muito excitante.

Seu desafio: Lembre-se de que o amor não se divide em pilhas perfeitas e que tampouco segue uma lista de regras universais.

A Romântica

Você chora assistindo a comerciais de tevê. Você vem planejando o casamento perfeito desde que tinha seis anos. O Dia dos Namorados é praticamente um dia santo para você. Você é apaixonada pelo amor e é fácil o seu julgamento ficar um pouco turvo pelos seus sonhos de contos de fadas.

> **A sua versão do amor à primeira vista:** É ele! O amor é lindo! Vamos nos casar amanhã mesmo!
>
> **A(s) sua(s) grande(s) questão(ões):** Para quando podemos marcar a casa de festas? Por que as pessoas ficam me perguntando se tenho certeza? Nós já nos conhecemos há três semanas. Não é tempo suficiente?

Se qualquer parte disso lhe soa familiar, você é, sem dúvida, a Romântica. Você quer o conto de fadas do início ao fim e não vai permitir que ninguém lhe diga que não pode tê-lo. Você leva o Ser Racional à loucura. Essas pessoas não conseguem compreender como você pode ter tanta certeza e você não entende por que elas querem que o namorado tenha um plano de carreira para os próximos dez anos.

Como a Romântica, você não liga muito para o plano de carreira do seu carinha, para a careca dele ou mesmo para o fato de tê-lo conhecido num enterro. Você não vai permitir que esses pequenos detalhes estraguem a sua felicidade.

Seu desafio: Você precisa relaxar um pouquinho e permitir que a vida e o amor aconteçam. Não dá para forçar esse tipo de coisa. Assim, se sua mãe ou seus amigos questionarem sua decisão, não os renegue. Dê um passo para trás e encare a sua situação de forma objetiva. Tome cuidado para não se envolver de tal maneira que acabe se esquecendo das implicações de longo prazo das suas decisões mais impulsivas.

> Se alguma música tocar quando você conhecer um cara, verifique se você está usando fones de ouvido ou se alguém está cantando próximo a você. Se não encontrar explicação lógica, busque o auxílio de um profissional.
>
> ANÔNIMO

A Esteticista

Quando você tinha seis anos, fazia os cortes de cabelos mais impressionantes nas suas Barbies. No ensino médio, imbuiu-se da missão de transformar todas as garotas mocorongas em gatas irresistíveis. Você tem um imenso orgulho da sua aparência e quer que todos à sua volta sintam o mesmo. Você é a Esteticista.

Sua versão do amor à primeira vista: Oh, ele vai ficar perfeito depois que eu fizer a barba e o bigode dele, bem rentes!

Sua grande questão: Eu não o aceitaria como ele é se o amasse de verdade?

Quando você vê um cara bonitinho, mas meio largado, imediatamente pensa: "Como será que ele ficaria se estivesse limpinho?" Você imagina o garboso Don Juan que ele poderia ser em vez do verdadeiro desastre que se encontra à sua frente?

Esse é o comportamento clássico da Esteticista. Quando você conhecer "*O* Cara", o verá como um projeto. A única música que vai tocar é "Dress You Up", da Madonna. E você vai querer vesti-lo imediatamente: com um terno bem-cortado e gravata. Já houve oportunidades em que você dispensou homens quase perfeitos porque não havia nada neles para consertar.

Seu desafio: Você é, claramente, uma pessoa criativa e motivada. Assim, talvez devesse adotar hobbies como decoração ou artesanato de maneira a deixar de transformar homens em projetos. Muitos homens precisam de uma pequena faxina quando você os conhece para ficarem perfeitos, mas cuidado para não dispensar caras maravilhosos só porque não exigem cuidados suficientes. Lembre-se de que, quando você está saindo com alguém, em geral, o que você vê é como o sujeito é de fato. Você não vai conseguir transformar um yuppie num caubói valentão. Provavelmente não vai conseguir fazê-lo se apaixonar pela vida ao ar livre se ele tem medo até de moscas. No fim das contas, as suas arrumações simplesmente não durarão.

O mais importante é se lembrar que, de vez em quando, a ânsia de mudar os outros é um sintoma de algo bem maior. Algumas mulheres escolhem homens com falhas porque têm medo de um envolvimento de verdade e querem uma saída fácil. Outras mulheres sentem que têm de mudar algo a seu próprio respeito, mas preferem concentrar a energia num homem. Se qualquer uma dessas possibilidades lhe parecerem plausíveis, empenhe-se em reparar o que você mesma sente antes de entrar em mais um relacionamento.

A Pessimista

O seu copo está sempre meio vazio. Você tem a sensação de que existe uma imensa nuvem negra de relacionamentos que a persegue piscando uma placa de neon que diz: "AZAR". O último cara de quem você realmente gostou foi... nossa, você nem consegue lembrar de tanto tempo que já faz. Você é uma Pessimista.

Sua versão do amor à primeira vista: Eu acho que os nossos olhares se cruzaram, mas tenho quase certeza de que ele vai querer me ver pelas costas depois que conhecer minha irmã.

Sua grande questão: Ele está me deixando insegura ou eu sou sempre assim?

Você sempre vê um fim de relacionamento a aguardando toda vez que conhece um cara que simplesmente adorou? Tem certeza de que se você gostar demais dele ele a deixará para dormir com a sua melhor amiga? Se isso se parece com você, assegure-se de que não esteja sofrendo da Síndrome do "Esse Serve".

A Síndrome do "Esse Serve" é a tendência de escolher homens que não são exatamente dignos só porque você sabe que são seguros e que irão venerá-la. Uma pessimista quer ter certeza de que seu cara nunca irá deslizar numa onda e desaparecer com uma loura gostosona no rastro do pôr-do-sol. Assim, ela escolhe um que a idolatre, mesmo sem amá-lo.

Seu desafio: Comece a dar uma chance a homens mais parecidos com você. Não sabote um relacionamento pressupondo que um cara não está afim de você logo de início. Experimente inverter seus pensamentos negativos: ele tem sorte em tê-la ao seu lado e deveria tratá-la de acordo. Se você continuar a abordar o amor com uma atitude negativa, o seu Homem Certo sempre vai ser o Homem Mais ou Menos Certo, o cara que sempre precisa de você um pouquinho mais do que você precisa dele, aquele que a faz se sentir enfadonhamente confortável. Se você ficar com um cara simplesmente porque está se sentindo para baixo, é bem capaz de querer alguém diferente quando o seu lado espevitado voltar a atacar.

A Masoquista

Você termina com um cara assim que ele começa a gostar de você porque acha que não o merece. Você sempre parece se apaixonar por homens que não retornam os seus telefonemas. Você adora "a caça",

OU CASA OU VAZA

mesmo quando ela a leva a uma montanha perigosa e por uma caverna em chamas. Você é a Masoquista.

Sua versão do amor à primeira vista: Ele não telefona há três semanas. Que fofo, não é mesmo? Ele está se fazendo de difícil!
Sua grande questão: Se ele for bonzinho demais comigo, não quer dizer que há algo de errado com ele?

Você gosta de desafios e se sente muito confiante quando ganha um prêmio ou conquista um homem cobiçado por outras mulheres. Você acha homens bonzinhos um pouco maçantes. Sua idéia de "*O* Cara" é um homem pelo qual tenha de brigar com certa regularidade, aquele que é levemente malvado com você.

Seu desafio: Reconheça que o amor verdadeiro e duradouro requer dois participantes igualmente envolvidos. Se você não consegue fazer com que ele atenda ao telefone, isso significa que ele, provavelmente, não está tão disponível quanto você desejaria. Tente compreender por que você gosta de homens impossíveis. Às vezes, sentimos um aumento na autoconfiança quando ganhamos a atenção de uma pessoa difícil, mas você não precisa da atenção de um homem para se sentir confiante. Concentre-se em romper com esse padrão. Tente sair com caras mais atenciosos e presentes. Compreenda que você acha homens distantes sobre-humanos apenas porque nunca passou tempo suficiente ao lado deles para perceber seus defeitos evidentes.

Independente do seu tipo de personalidade, você pode ter certeza de que a sua experiência com os homens é única. Reconheça que só você pode decidir se o seu cara é "*O* Cara" com base no que você sabe sobre si mesma e na forma como vocês interagirem. Você costuma ser analítica ou está questionando o sujeito mais do que de costume? Você é pessimista com relação ao amor e, se é, tem certeza de que não está subestimando sua capacidade de atrair um homem que valha a pena? Os seus relacionamentos não vão espelhar os de outras mulheres que você conhece. Assim, não meça a sua experiência pela ideia que outra pessoa tem do "amor verdadeiro". Outra pessoa não vai poder lhe dizer como é a sensação de conhecer "*O* Cara". Você é quem tem de decidir por si mesma.

> O que eu chamo de "música tocando", minha irmã chama de "química". Mas a minha mãe insiste que o termo correto é "ingenuidade da juventude".
>
> ANÔNIMO

Certezas importantes

Embora você não possa "simplesmente saber" que quer acordar todos os dias, pelo resto da vida, ao lado do homem que conheceu esta manhã na fila da padaria, existem *sim* determinadas coisas que você pode "simplesmente saber" sobre um cara logo de início. Afinal de contas, você tem os seus instintos

OU CASA OU VAZA

e a capacidade de sacar outras pessoas com base em experiências anteriores. Embora você possa ter as suas pequenas dúvidas sobre um cara assim que o conhece – você se imaginou com um louro e ele tem cabelos castanhos, ou você detesta sotaques e ele é de outro país –, é possível colocar tais dúvidas de lado. Existem algumas questões insistentes, no entanto, que não dá para ignorar. Preste atenção para estas coisinhas que você deve "simplesmente saber" assim que conhece um cara:

- Embora não dê para saber se ele é sempre respeitoso, dá para perceber o quanto ele a está tratando bem naquele momento.
- Embora não dê para saber se ele é viciado em sexo, dá para perceber se ele já está querendo arrastá-la para a casa dele pelo resto da noite.
- Embora não dê para saber se ele é um criminoso foragido, dá para perceber se ele está querendo fazer alguma coisa ilegal com você.
- Embora não dê para saber se ele vai traí-la feito louco, já dá para ter uma noção se ele é um conquistador barato lhe passando um monte de cantadas.
- Embora não dê para saber se ele tem taras particulares esquisitas, você definitivamente deve ter certeza de que ele não possui nenhuma pública.
- Embora não dê para saber se ele tem um ótimo senso de humor, já dá para saber se ele gosta ou não de sorrir.
- Embora não dê para saber o que é importante para ele nesta vida, já dá para saber o que importa para ele numa mulher prestando atenção no tipo de pergunta que ele lhe faz.

Em outras palavras, dê uma segunda chance para o pobre rapaz e preste atenção em seus instintos. Se você achar que o cara é um conquistador barato, um cretino desprezível, um zero à esquerda ou dono de uma personalidade perigosa, ele não merece uma segunda chance. Se você sentir uma ânsia súbita e irresistível de correr na direção oposta, ele certamente não é o cara certo para você. Mas existe um outro lado: se você gostou da companhia dele, mas não consegue deixar de lado o fato de ele ter tomado cerveja de canudinho, deixe esse detalhe para lá, pelo menos desta vez. Dê um desconto para o cara. A música não tocou, mas talvez isso queira dizer apenas que o rádio dele esteja temporariamente quebrado. Às vezes só é preciso ajustar as caixas um pouquinho para você ouvi-la em alto e bom som.

> Ninguém conhece um homem totalmente só de olhar em seus olhos. Na verdade, sou casada e feliz há vinte anos e todos os dias descubro coisas sobre o meu marido que me deixam morrendo de medo.
>
> SHARON, 47 ANOS

A segunda (ou terceira!) chance

A maioria de nós não sabe ao certo o que vai querer jantar esta noite, quanto mais se vai querer namorar o sujeito que conheceu ontem. E não há nada de errado nisso. Mas, se você realmente quer formar um elo com alguém, algumas vezes uma segunda chance pode gerar ainda mais oportunidades do que a primeira. Muitos casais felizes dizem coisas do tipo:

"Uma amiga me convenceu a dar uma segunda chance a ele" ou "Ele ficava me ligando e finalmente me rendi porque achei que ele podia me ajudar a arranjar um novo emprego". Pense nas coisas bobas ou inseguras que você já fez num primeiro encontro e no quanto um cara estaria enganado se julgasse você unicamente com base nesses comportamentos. Todos nós fazemos coisas malucas quando estamos nervosos. Assim, vale a pena dar aos sujeitos menos do que perfeitos, com quem saímos, uma segunda chance – mas quais deles? Quais comportamentos de primeiro encontro são benignos e quais são sinais de que você tem mesmo de sair correndo? Se você já está num relacionamento, esta lista a ajudará a descobrir se você teve uma atitude boa, saudável e aberta assim que conheceu o seu carinha ou se fechou os olhos para mais coisas do que devia.

Ele é bonitinho, mas não é exatamente o homem das minhas fantasias

Todo mundo tem um homem ideal. O seu talvez seja o Homem Aranha (não há nada como uma máscara e uma bunda durinha); o bombeiro do fim da rua; ou um sujeito legal, arrumadinho e que gosta da vida ao ar livre, como o monitor do acampamento onde você passou o verão quando tinha dez anos. Como é o homem que habita as suas fantasias e quantas pessoas neste mundo se encaixam nessa descrição?

Ainda está pensando?

A maioria dos homens não se parece, não fala e não se comporta como o homem dos seus sonhos. Na verdade, a maioria dos homens que habita as nossas fantasias nem mesmo é tão perfeita como imaginamos. Uma vez que passamos a conhecê-los, percebemos que eles também têm defeitos. Assim, se você acha um cara atraente, mas ele não é exatamente como o homem dos sonhos que você tanto adora, dê a ele mais uma chance (ou duas!).

> Minha amiga me disse, quando conheceu o marido, que "simplesmente sabia" que ele era "*O* Cara". Eu vivo me perguntando se ela também "simplesmente sabia" que eles iam se divorciar.
>
> VANESSA, 35 ANOS

Ele parece ser inseguro

As mulheres costumam se sentir atraídas por homens que demonstram confiança. Psicólogos evolucionistas insistem que as mulheres se sentem atraídas por homens que agem como se fossem os reis da selva porque, nos tempos primitivos, precisavam de um homem que lhes protegesse. Mas os homens modernos não podem nos mostrar que são os reis da selva guerreando contra inimigos ou transformando feras em caça. Então, os caras de hoje demonstram as suas proezas de maneiras bastante específicas.

Alguns são excepcionais nos esportes. Outros defendem as suas crenças em conversas ou lutam com os patrões por um aumento. Assim que você conhece um cara, nem sempre

OU CASA OU VAZA

tem como saber seu verdadeiro grau de confiança. É possível que ele seja muito autoconfiante uma vez que você o conhecer melhor, mas tímido com desconhecidos. Ou talvez deixe transparecer uma certa dose de nervosismo no primeiro encontro porque a acha atraente. Se a conversa for interessante e você gostar da companhia dele, não o julgue logo de cara. Dê a ele outra chance de lhe mostrar como pode ser seguro de si.

Os gostos dele não combinam com os seus

É importante que você e o seu carinha tenham gostos e preferências parecidas, mas a aparência dele no primeiro encontro pode ser ilusória. Se ele aparecer vestido de preto, dos pés à cabeça, isso não quer dizer que ele seja gótico e que nunca se vestirá como um mauricinho. Talvez uma colega de trabalho fashion tenha recomendado o modelito em cor escura, embora não seja, nem um pouco, o estilo dele.

À medida que o relacionamento for progredindo, vocês irão aprender muito mais um sobre o outro. Haverá, inevitavelmente, peças no guarda-roupa dele que justificarão um mandado de prisão expedido pela polícia fashion. Vocês dois terão de aprender a conviver com coisas das quais não gostam sobre os gostos e preferências do outro. Mas não se precipite em declará-lo um caso perdido só porque a noção de estilo dele não combinou com a sua no primeiro encontro.

Dê a ele a oportunidade de mostrar todos os seus lados antes de tomar uma decisão.

> Quando saio com um cara, eu penso assim: esse é o sujeito com quem eu quero que os meus filhos passem os fins de semana?
>
> RITA RUDNER

Ele me parece muito "Sei lá o quê"

No primeiro encontro, um cara pode não ser ele mesmo de várias maneiras. Se ele a está levando à loucura porque age como se fosse muito rico, muito bonzinho, muito machão ou muito "sei lá o quê", mas você acha que seria possível gostar dele, saia com ele outra vez e veja se ele pega mais leve com esse defeito "escandaloso" uma vez que se sentir mais à vontade ao seu lado. É possível que você o ache muito divertido e não tão irritante quanto lhe pareceu no primeiro encontro.

Ele tem hábitos estranhos

É importante que você sinta algum tipo de ligação com a pessoa com quem está num primeiro encontro, mas esquisitices podem acontecer ainda assim para tornar esse momento desconfortável. Talvez ele tenha péssimos modos à mesa. É possível que faça barulhos horríveis para tomar café, que tire o limão de dentro do drinque com os dedos e o chupe ou, até mesmo, que limpe os dentes com o garfo quando achar que

OU CASA OU VAZA

você não está olhando. Embora você, obviamente, deseje um homem de modos impecáveis, um ser encantador, admita a possibilidade de que a maior gafe que ele cometer talvez seja algo que a família faz à mesa desde o dia em que ele nasceu. Lembre-se de que ele talvez ache esquisito que você tenha comido a entrada com as mãos ou que tenha rido daquela história chocante que ouviram no noticiário noturno. As pessoas possuem idéias diferentes do que é aceitável vestir, de como agir e se portar e, embora seja importante estar no mesmo patamar de compatibilidade, ninguém precisa combinar perfeitamente visto que, na verdade, a maioria das pessoas não combina. Além do mais, você pode costurar os lábios dele se ele continuar a fazer barulho para tomar café.

> O amor duradouro é muito mais complicado do que os momentos em que fogos de artifício explodem entre dois estranhos. Ele cresce, muda, se molda, cria forma e se estende, transformando-se em algo mais profundo, significativo e duradouro se, e apenas se, as duas pessoas estiverem dispostas a trabalhar por ele.
>
> ANÔNIMO

VOCÊ SIMPLESMENTE SABE...

Comportamentos estranhos para um primeiro encontro

Enquanto você tenta decidir se um determinado cara é "*O Cara*", lembre-se de que todas nós já fizemos coisas loucas e ridículas em primeiros ou segundos encontros. Tente não julgá-lo pelas pequenas coisas que ele talvez faça apenas porque está nervoso e fora do seu ambiente. Algumas vezes, uma força oculta toma conta de nós e gente normal e desejável faz coisas bastante indesejáveis.

- "Beberiquei o vinagre da mesa achando que fosse vinho." – Sidney, 23 anos.
- "Prendi o casaco na porta do táxi e ele foi arrastando na lama até chegarmos ao restaurante." – Emily, 26 anos.
- "Tentei parecer extremamente sexy e confiante, mas estava usando saltos com os quais não conseguia andar e uma blusa que me fazia me sentir nua, então praticamente passei a noite toda gingando de um lado para o outro." – Morgan, 31 anos.
- "Fui rir e bebi margarita pelo nariz, aí fiquei com dor de cabeça e tive de pedir licença e ir embora." – Rosalind, 24 anos.
- "Estava tão nervosa que ficava deixando os talheres caírem no chão, e o garçom se zangou." – Danielle, 26 anos.

49

Estratégias de venda muito conhecidas

Quando um homem quer impressionar você, ele se transforma num vendedor de mão cheia, exibindo o seu melhor lado, mesmo que você talvez não o ache tão bom assim. Se ele estiver pegando pesado nas estratégias de venda durante o primeiro encontro e for meio irritante, mas você, ainda assim, curtir a companhia dele, dê-lhe uma segunda chance. Veja se ele continua com essa conversa de vendedor numa segunda ocasião. Conheça os tipos mais conhecidos de "vendedores":

O Ambicioso Ele é o grande homem de negócios que não para de conversar ao telefone durante o jantar, falando como se estivesse fechando os últimos detalhes de um negócio de um bilhão de reais. Ele é importante e quer que você saiba disso. Você está pensando: "Nossa, estou impressionada!"

Esperança Que lá pelo terceiro encontro você descubra que o trabalho dele é lucrativo e que ele não se leva tão a sério assim.

Medo Que lá pelo terceiro encontro você descubra que ele não tem emprego e que está esperando ir morar com você por um tempo enquanto as coisas entram nos eixos.

VOCÊ SIMPLESMENTE SABE...

O Encanto Em Pessoa ELE LHE DIZ QUE VOCÊ É LINDA, A BEIJA NA BOCHECHA E FALA COMO UM COMPLETO CAVALHEIRO.

Esperança QUE ELE CONTINUE A SER ENCANTADOR, MAS UM POUCO MENOS MELOSO.

Medo QUE DEPOIS DE UM ANO DE RELACIONAMENTO ELE COMECE A CHAMÁ-LA DE VACA E A MANDE PUXAR A PRÓPRIA CADEIRA PARA SE SENTAR.

O Intelectual ELE FALA DE FILOSOFIA E SABE QUAIS MOSTRAS DE ARTE ESTÃO EM CARTAZ. TEM OPINIÕES SOBRE DIVERSOS ASSUNTOS.

Esperança ELE TEM CONHECIMENTO O BASTANTE PARA MANTER UMA CONVERSA INTERESSANTE, MAS TOMARA QUE PARE DE SE ESFORÇAR TANTO PARA MOSTRAR QUE É INTELIGENTE.

Medo QUE ELE NUNCA TENHA LIDO UM ÚNICO JORNAL NA VIDA E QUE TENHA FEITO UM INTENSIVÃO UM DIA ANTES DO ENCONTRO SÓ PARA IMPRESSIONÁ-LA.

O Comediante ELE ADORA UMA BOA PIADA E QUER FAZÊ-LA RIR. FAZ TROÇA DE VOCÊ, DA GARÇONETE E DA MENINA DA CHAPELARIA DO RESTAURANTE.

Esperança QUE O SENSO DE HUMOR PIEGAS DO RAPAZ EVOLUA E QUE ATÉ O PRÓXIMO ENCONTRO ELE JÁ TENHA FICADO REALMENTE ENGRAÇADO.

Medo QUE ELE VÁ FICANDO CADA VEZ MAIS ENFADONHO E QUE, POR FIM, ROUBE FALAS DE FILMES E AFIRME SEREM DELE.

Sr. Simpatia ELE QUER QUE VOCÊ SAIBA QUE ELE SE DÁ SUPERBEM COM TODO MUNDO. ELE É O SUB-PREFEITO DO BAIRRO ONDE MORA. QUANDO VOCÊ ENTRA NUM BAR COM ELE, TODO MUNDO SABE O NOME DELE E O CUMPRIMENTA.

Esperança ELE É SIMPÁTICO E TODO MUNDO GOSTA DELE, MAS TOMARA QUE TAMBÉM GOSTE DE PRIVACIDADE E QUE NÃO PRECISE SER SEMPRE O CENTRO DAS ATENÇÕES.

Medo TODO MUNDO DO BAR O CONHECE PORQUE ELE APARECE LÁ, SOZINHO, SETE NOITES POR SEMANA, HÁ SEIS MESES.

OU CASA OU VAZA

A Celebridade Ele é amigo dos Hilton. O pai dele conhece o Donald Trump. Ele também é íntimo de todas as famílias reais da Europa. Trata-se de um moço bem relacionado.

Esperança Ele valoriza o relacionamento com os amigos. Curte ser sociável e sempre a ajudará a recebê-los.

Medo Ele é um esquisitão com um parafuso a menos que acredita ser o rei de um mundo de mentirinha.

O Bom Ouvinte Ele ouve cada palavrinha que você diz com uma enorme atenção. Escuta e faz perguntas. Algumas vezes você tem a impressão de que ele a está estudando.

Esperança Você espera que ele continue interessado em você, mas que pare de tentar demonstrar isso tão desesperadamente.

Medo Seis meses mais tarde, ele não vai prestar mais a menor atenção para o que você diz e você vai ter de gritar com ele para baixar o volume do iPod.

● ● ● ● ● ● ● ● ● ● ● ● ● ● ● ● ● ● ●

Teste rápido

Lembre-se de que você nem sempre vai reconhecer "O Cara" quando ele estiver bem na sua frente ou sentado do outro lado da mesa num restaurante. Talvez tenha de sair com ele mais uma vez, ou muitas outras, para realmente saber. Se você não souber ao certo se deve ou não sair de novo com um determinado sujeito, faça-se as seguintes perguntas:

1. Você curtiria apresentá-lo para os seus amigos porque o acha engraçado ou interessante?
2. Ele a faz rir e entende suas piadas?

VOCÊ SIMPLESMENTE SABE...

3. Ele parece ser uma pessoa boa, de confiança?
4. Você se divertiu mais na companhia dele do que costuma se divertir com os seus amigos? E com o seu cachorro?
5. Você gostaria de vê-lo outra vez, mas está precisando de um empurrãozinho?
6. Ele é gatinho o bastante? Você consegue se imaginar beijando-o?

Se você consegue responder sim a todas essas perguntas, dê uma segunda chance a ele.

> Só se vê bem com o coração;
> o essencial é invisível aos olhos.
>
> ANTOINE DE SAINT-EXUPÉRY

O amor à primeira vista não é exatamente tudo o que alardeiam sobre ele, mas isso não significa que você tenha de desistir da sua vida amorosa. Simplesmente quer dizer que você talvez tenha de aceitar o fato de que o amor nem sempre se desenvolve tão ordenadamente e que o romance pode tomar muitas formas. O cara certo talvez entre na sua vida caminhando com tranquilidade, mas também pode entrar correndo, pulando, dando estrelas, cambalhotas, tropeçando ou escorregando. Assim, mantenha os olhos e o coração bem abertos para todas as maneiras possíveis de conhecer "O Cara". E saiba que nem todas as mulheres do mundo "simplesmente sabem" quando o encontram.

Capítulo 2

Ouse comparar

(Será que tem alguém melhor por aí?)

Algumas pessoas dizem que quando você está saindo com o cara com quem está destinada a passar o resto da vida, nem nota os outros homens à sua volta. Você, então, precisa se perguntar: será que esse povo é cego?

Mesmo quando você se encontra num ótimo relacionamento, é completamente natural comparar seu namorado a colegas de trabalho, ex-namorados, personagens de filmes e, até mesmo, a sujeitos aleatórios que passarem na rua. Afinal de contas você está namorando, não está morta. Todas nós só queremos alguma espécie de prova, alguma medida ou estimativa que nos diga, de maneira inequívoca, se estamos ou não com o cara certo. Achamos que se a tivermos, finalmente, teremos a confirmação que buscamos e seremos capazes de seguir em frente com confiança. Mas será que podemos mesmo conseguir esse tipo de comprovação? Será que comparações a outros homens realmente nos dão a garantia que buscamos? Exploremos as informações que somos capazes de reunir quando ousamos comparar.

Terrível ou suportável?

Felizmente, homens são um artigo abundante em nosso planeta. Os pestinhas estão por todos os lados. Na maioria dos lugares públicos, se você ficar de pé com os braços abertos e começar a girar, haverá de acertar pelo menos um no meio da testa. Assim, faz sentido que mesmo que você esteja num bom relacionamento, às vezes olhe para todas as outras opções e se pergunte: "existe alguém melhor por aí?" Fazemos a mesma coisa com sapatos, roupas, empregos e – caramba – com praticamente tudo mais nesta vida. Faz parte da natureza humana competir e comparar. Nem sempre sentimos orgulho disso, mas é o que fazemos. Assim, em vez de se preocupar com o fato de que você faz comparações, pare de escutar as pessoas que dizem: "Ele é completamente errado para você se você está olhando para outros homens" e concentre-se em responder a pergunta que realmente importa. Por quê? Por que é que você está olhando para outros homens e o que é que isso significa no contexto do seu relacionamento? Concentre-se em tentar descobrir se os seus olhos errantes são sintoma de um problema maior respondendo às cinco perguntas a seguir.

Pergunta nº 1
Isso lhe causa ansiedade?

O fato de você andar comparando o seu homem com outros a deixa ansiosa? Você fica deitada na cama, à noite, com a sensação de ter traído o seu namorado simplesmente porque não consegue tirar o outro da cabeça? Se você se sente angustiada porque anda encantada por outra pessoa, isso é um sinal faiscante de que você está com o cara errado. Quer o outro cara seja ou não certo para você, ele é uma distração que lhe diz algo sobre aquele com quem você está. É muito normal a gente pensar em outros homens e até mesmo os achar atraentes, mas se você anda pensando em outros caras mais do que pensa no seu, está bem claro que a sua angústia não a levará a lugar algum até você terminar com o seu namorado e começar a sair com aquele com quem quer estar de verdade. Se você ainda não tem certeza se está suficientemente ansiosa, pergunte-se o seguinte:

- Você beija o seu namorado e se sente culpada porque não acha que a entrega seja completa?
- Você diz às pessoas que é solteira quando sai à noite e depois se sente péssima?
- Você já chegou muito perto de terminar com o seu namorado depois de pirar porque se sente atraída por outros homens?

- Você morre de medo de que ele lhe diga que quer que você conheça os pais dele ou que a peça em casamento porque sabe que não está 100% apaixonada por ele?

Pergunta nº 2
Será circunstancial?

Algumas vezes você pode comparar o seu cara a outros homens quando está zangada com ele. Se ele a estiver incomodando, você notará tudo o que há de errado com ele. Então, se outro homem passar pela porta, esse novo ser poderá lhe parecer maravilhoso, em comparação. Se você só compara o seu carinha a outros quando está de mau humor ou quando está brigada com ele, não é grave. É normal a gente achar que a grama do vizinho é mais verde quando vivemos detectando ervas daninhas no nosso próprio terreno. Mas se você acha outros homens bem mais interessantes até mesmo quando você e o seu namorado estão às mil maravilhas, isso é um sinal óbvio de que algo não vai muito bem com o relacionamento. Eis alguns outros exemplos de comparações que você talvez faça em momentos nos quais o seu relacionamento não anda tão bem assim:

- Você está zangada por ele ter dito que você está flácida, então o compara a caras que estão mais em forma do que ele e aponta todas as suas deficiências.
- Você o leva à reunião de ex-alunos do ensino médio e o compara ao seu namoradinho de adolescência.
- Você passa a semana mergulhando e desenvolve uma paixonite pelo seu instrutor de mergulho. Você compara o seu namorado ao instrutor e decide que ele não é aventureiro o suficiente.

- Você vê o mesmo cara lindinho na delicatéssen todos os dias e ele é sempre um cavalheiro, deixando que você peça primeiro. Você está irritada com o seu namorado quando chega em casa à noite porque ele não tem as boas-maneiras do sujeito da delicatéssen.

Pergunta nº 3
Isto é um padrão?

Seus olhos errantes são uma constante? Você vive comparando todo homem com quem sai a outros caras? Faz o mesmo em outras áreas da sua vida? Por exemplo, você costuma dar muita importância para os sapatos de estilistas famosos que suas amigas calçam ou o tipo de casa na qual moram? Algumas mulheres sempre cobiçam o que não podem ter. Definem o próprio sucesso e felicidade em comparação aos dos outros. Ora, todos fazem isso até certo ponto, mas a maioria de nós não se concentra nas próprias deficiências. Não definimos a vida inteira por como nos comparamos aos amigos. Se você vive comparando tudo na sua vida ao que as outras pessoas têm, isso não é sinal de que o seu relacionamento precise de ajuda, e sim de que *você* talvez precise de ajuda.

A única forma de você aprender a ser feliz com o que tem é aprendendo a se definir de acordo com os próprios padrões e não por aqueles estabelecidos pelos outros. Este não é um livro sobre "autoestima", então não vamos desenvolver aqui formas de lidar com isso, mas o resumo da ópera é que qualquer coisa que você puder fazer para aumentar a sua autoconfiança ajuda. Isso pode significar ler alguns livros sobre como aumentar a autoconfiança, fazer análise ou se concentrar numa atividade

OU CASA OU VAZA

na qual você seja excepcional. Uma vez que você se sentir mais segura de si, deixará de comparar cada aspecto da sua vida – incluindo o seu carinha – à dos outros. Comparar seu namorado a outros pode ser o sintoma de um problema maior se:

- Você vive com inveja de outras mulheres em todos os aspectos: aparência, emprego, casa ou namorados. Mesmo que a sua roupa seja linda, você cobiça a que sua amiga está usando.
- Independente do cara com quem você estiver, sempre acaba por deixá-lo pela próxima maravilha que aparecer.
- Tem dificuldade em permanecer dedicada a uma atividade ou a um emprego porque sempre tem a sensação de estar perdendo algo melhor.
- Não importa o quanto você esteja bonita ou o quanto a sua vida esteja indo bem, você não está feliz. Há sempre alguma coisa que você poderia mudar ou fazer de maneira diferente.

Pergunta nº 4
O que faz você querer mudar seu namorado?

Você olha para outros homens e sente uma necessidade desesperada de transformar o seu? De vez em quando, todas nós fazemos pequenos pedidos aos homens com os quais estamos saindo, do tipo: "Que tal esta camisa em vez da camiseta tie-dye?" ou "Por que você não pede para alguém aparar as suas sobrancelhas?". Mas se você anda de olho em um ou dois caras que admira e já tiver decidido que vai tentar moldar o seu namorado para ficar igualzinho a eles, definitivamente está enfrentando um problema de relacionamento. Você já deve ter ouvido isto várias vezes e é mesmo verdade: quando estamos saindo com alguém, as aparências não enganam. Ele não vai mudar muito, se é que vai mudar. Assim, seus esforços são inúteis. Se, a todo o momento, o outro homem que você conhece estiver fazendo com que você queira mandar o seu para uma recauchutagem completa, o seu relacionamento não vai bem. Você está tentando mudá-lo se:

- Corrige as frases dele na frente de outras pessoas e tenta guiá-lo durante uma conversa.
- Veste seu namorado de acordo com o seu gosto pessoal e o faz passar pelo seu instituto de boas maneiras particular antes de conhecer os seus amigos porque quer que ele aja de um determinado jeito.
- Recusa-se a aceitar que ele simplesmente não queira usar uma camisa salmão para trabalhar, então lhe compra três.
- Implora para ele clarear os cabelos, escurecer as sobrancelhas e marcar algumas sessões de bronzeamento a jato antes do casamento da sua amiga.

Pergunta nº 5
Você terminaria com esse cara se fosse fácil?

Se pudesse se livrar do seu namorado sem maiores dores de cabeça, você faria isso? Se um cara novo aparecesse amanhã, alguém do qual você realmente gostasse e o seu namorado atual desse no pé sem dizer uma única palavra, sem querer explicações, isso a deixaria feliz? Se a resposta é sim, você está nesse relacionamento unicamente porque é cômodo. Embora a gente queira se sentir à vontade com o namorado e vocês dois queiram se conhecer bem, o conforto por si só não é motivo suficiente para continuar a namorar alguém. Você pode se sentir cômoda e, ainda assim, não estar satisfeita. Você provavelmente se sente à vontade ao lado de um monte de homens – colegas de trabalho, amigos, conhecidos – o que não quer dizer que queira passar o resto da vida ao lado deles. As pessoas, muitas vezes, confundem a comodidade com o amor. Você está acostumada demais com a vida ao lado do seu namorado para terminar o relacionamento, embora saiba que essa seria a coisa certa a ser feita. Você nem sempre vai se dar conta disso enquanto estiver vivendo a situação, a não ser que procure determinados sinais. Às vezes é difícil admitir para si mesma que continua num relacionamento pelos motivos errados, que você simplesmente tem preguiça de tomar uma providência. O conforto que você está sentindo é o tipo errado de bem-estar se:

- Você não consegue mais se lembrar da última vez em que se sentiu realmente animada em estar com o seu namorado.
- Você nunca teve a real intenção de passar qualquer período de tempo ao lado dele. Você sempre olhou para outros caras, esperando que o homem certo apareça.
- Qualquer corpo quentinho pode satisfazer as necessidades que esse cara lhe proporciona. No fundo, você sabe que talvez só precise de um gato ou de um cachorro.

Modo medição

Todas nós lançamos mão de determinados padrões para avaliar os homens quando os estamos considerando para algo mais. Mas, algumas vezes, quando já estamos namorando um cara, temos dificuldade em decidir se ele está cumprindo com todas as nossas expectativas. Avistamos outro homem interessante e pensamos: "Aha! O meu carinha nem se compara! Então, eu devo estar com o homem errado." Mas esse nem sempre é o caso. Passe algum tempo explorando as comparações que você faz e lembre-se das perguntas que acaba de responder. As comparações que você fizer poderão lhe dar algum insight sobre como você realmente se sente em relação ao homem com quem está.

Sua fita métrica pessoal

Anote todas as ocasiões das quais consegue se lembrar em que usou outro homem como régua para o seu. (Por algum motivo, isso soa meio pornográfico!) Você olha a foto do seu namorado ao lado da foto do seu ex e se sente dividida? Você ouve uma amiga falar da festa de aniversário especial que o namorado planejou para ela e sente inveja? Eis alguns dos indicadores mais comuns usados pelas mulheres para avaliar seus homens. Tais comparações podem ser completamente inofensivas ou um sinal de que há algo muito maior. Pense no que significam para você, no contexto da sua vida.

O Desconhecido

Você já cruzou com ele algumas vezes no trabalho ou em festas, e talvez já tenha até mesmo trocado algumas frases com ele. Você não o conhece de verdade, mas tem essa sensação porque há tempos o observa enquanto anda, fala e prepara martínis.

Você sabe, com certeza, que ele é bonito e carismático. Ele é um estranho, mas na sua cabeça é, possivelmente, "*O* Cara" que pode colocar o seu namorado no chinelo.

Os seus olhos errantes não constituem um problema se:

- Você o faz porque adora um colírio e sempre foi do tipo que nota qualquer homem bonito cruzando seu campo de visão.
- Você só o olhou umas duas vezes, quando você e seu namorado estavam brigados.
- Você está perfeitamente ciente do fato de que não há a menor chance de ele realmente ser tão maravilhoso quanto a sua mente imagina.

É motivo para sua preocupação se:

- Você sentir um aperto na boca do estômago quando ouvir dizer que o sr. Desconhecido está namorando. Você deveria pensar nisso como um sinal de que ele *não é* o cara para você e não como uma oportunidade perdida.
- Você muda a sua rotina com regularidade para tentar dar de cara com ele, puxar assunto ou trabalhar com ele em algum projeto.
- Você sabe, com toda certeza, que terminaria com seu namorado se esse cara a convidasse para sair.

> Muitas das perigosas tentações que chegam às nossas mãos em cores lindas e vibrantes são meramente superficiais.
>
> MATHEW HENRY

O Salvador

Ele é um biliardário que você conheceu numa festa. Você não consegue parar de pensar nele e no estilo de vida maravilhoso que poderia ter caso se casasse com esse cara. Poderia viajar o mundo, comer nos melhores restaurantes, contratar uma empregada, um jardineiro e uma massagista. Você nunca mais teria de trabalhar ou se preocupar com dinheiro. Mesmo se ele não for rico, talvez seja excitante de uma maneira que o seu atual namorado não é. Ele é um salvador porque a ajudará a escapar do seu atual estilo de vida chato e a levará para um que é infinitamente mais interessante.

A sua fantasia não constitui um grande problema se:
- Você só pensa nele de forma fugaz e normalmente quando a fatura do seu cartão de crédito está para chegar.
- O seu devaneio sempre for interrompido por aquelas coisas a respeito dele que você não suporta, como o fato de não sacar seu senso de humor ou de vocês dois não terem nada em comum.
- Você se dá conta de que pensa nele porque acha seu estilo de vida motivador. Ele a faz querer trabalhar com mais empenho, ganhar mais dinheiro ou abrir o próprio negócio.

É motivo para preocupação se:
- Você ainda se interessasse por ele se ganhasse dez milhões na loteria. Ou seja, você ainda se sentiria atraída por ele se pudesse atingir o estilo de vida que deseja de alguma outra forma.
- Pensar nele a faz ressentir-se do seu namorado.
- Ver esse cara faz você se dar conta de que não viveu o bastante ou que perdeu oportunidades na vida e isso porque o seu namorado está impedindo-a de crescer.

O Ex-Namorado

Você achou que já havia esquecido o seu ex, mas agora já não tem tanta certeza assim. Recentemente, você encontrou uma caixa de sapato debaixo da cama cheia de fotos dele e, enquanto o seu namorado estava fora, fez uma sessãozinha "recordar é viver". Como você está na lista geral de e-mails do seu ex, também sabe que ele acaba de se mudar de volta para o seu bairro. Você se pergunta: "Será possível que, no final das contas, ele seria o melhor par para mim? Será que cometi um erro terrível?" Você recorda o quanto vocês dois se divertiam, não consegue deixar de comparar o seu atual namorado a ele e de notar as maneiras que o seu namorado não chega aos pés do ex.

Seu momento "recordar é viver" não constitui um grande problema se:
- Você sentir saudades por um ou dois dias, mas depois esquecer do assunto e voltar a se concentrar no cara superbacana com quem está agora.
- Você se der conta de que não sente falta dele de verdade; sente falta da época em que vocês dois namoraram. Ele a lembra dos velhos tempos e a faz querer voltar o relógio.
- Você encontra uma foto horrorosa debaixo de todas as boas e se lembra do que não gostava nele.

É motivo para preocupação se:
- Você se der conta de que nunca se sentiu tão feliz ao lado do seu atual namorado como era ao lado do seu ex.
- Você não tem o menor escrúpulo de lhe telefonar e sair com ele pelas costas do seu namorado.

OUSE COMPARAR

- O seu interesse pelo seu ex dura mais do que alguns dias. Você não consegue parar de pensar que perdeu a melhor coisa que já lhe aconteceu.

O Namorado Dela

Ela é a sua melhor amiga, você não quer achar o namorado dela interessante, mas não há nada que possa fazer.

Ele é tão fofo com ela, sempre tão atencioso e gentil.

Presta atenção em cada palavra que ela diz.

Você recebe um cartão de Natal dos dois que traz uma foto deles parecendo tão animados e apaixonados. Na única foto "de casal" que vocês dois têm, parecem dois bichinhos assustados.

Não há como você não se perguntar se talvez não tenha se acomodado. Afinal de contas, você e o seu namorado às vezes discutem e ele nem quis mandar cartões de Natal.

O seu interesse não constitui um problema se:
- Você matutar um pouco e concluir que o namorado dela nunca seria certo para você. Apesar de todas as coisinhas maravilhosas que faz, nem se compara ao seu gato em todos os quesitos que realmente importam.
- Ela está ralando *muito* para fazer o relacionamento deles parecer perfeito, esfregando a "felicidade" dos dois na sua cara. Vocês duas já tiveram suas brigas e competem em quase tudo.
- O seu cara arregaça as mangas quando tem de fazê-lo. Se observar o relacionamento da sua amiga realmente realçar um problema existente no seu, seu namorado estará disposto a trabalhar com você para corrigi-lo.

É motivo para preocupação se:

- Você gastar uma energia infinita tentando fazer com que seu namorado se torne mais parecido com o dela.
- Sentir dor no estômago a cada vez que vir o namorado dela porque isso a faz se lembrar de que o seu nunca será tudo o que você gostaria que ele fosse.
- Você tem a sensação de que muitas das mulheres que conhece têm um namorado mais bacana do que o seu. Além de viver surpresa em ouvir histórias de como os namorados delas são doces, atenciosos ou leais.

Eu vou querer o que ela pediu

Você sente inveja de outra mulher porque a vida amorosa dela lhe parece ser perfeita? Pois tente se lembrar de que todo relacionamento tem os seus problemas. Se você tivesse todas as pequenas pepitas de informações íntimas à sua disposição, descobriria coisas como:

- Desde que se casou com ele, ela passa cada um dos seus dias tentando aumentar a coordenação motora dele para que não tropece nos próprios pés.
- Ela tem uma paixonite secreta pelo seu namorado.
- Ele não é sempre essa gracinha que parece ser em público. Na verdade, gosta de chamá-la de "Gorducha" quando ela toma sorvete e, depois, coloca folhetos sobre dietas debaixo do travesseiro dela.
- Eles quase terminaram uma dúzia de vezes no primeiro ano de namoro.

- Ela já chegou perto de jogar o controle remoto na privada e dar descarga para ver se ele para de assistir à televisão.
- Ela queria muito que ele escutasse o que ela tem a dizer com mais frequência. O que foi mesmo que você disse?

O Amigo do Peito

Você o conheceu no segundo ano de faculdade e são melhores amigos desde então. Já viajaram juntos, conhecem os pais um do outro e, hoje em dia, ainda se falam ao telefone uma vez por semana. Ele é só aquele cara que a entende e que, de vez em quando, a faz pensar se – talvez, quem sabe – você não deveria ficar com ele. Tem dias em que você não sabe ao certo se o seu namorado algum dia vai ser tão bom amigo quanto o seu amigo de séculos.

Curtir um amigo homem não constitui um problema se:
- A ideia de ter um envolvimento amoroso com ele só costuma passar pela sua cabeça quando você briga com o seu namorado. Ora, você adorava a mãe da sua amiga quando estava brigada com a sua, mas isso não queria dizer que quisesse fugir de casa.
- Você se dá conta de que por mais coisas que tenham em comum, ele tem certas características que simplesmente não são as que você busca num parceiro de longo prazo.
- Seus devaneios com o seu amigo azedam rapidamente quando você se imagina interagindo com ele fisicamente.

É motivo para preocupação se:
- Você conversa com seu amigo sobre sentimentos ou questões da sua vida que seu namorado desconhece.

OU CASA OU VAZA

- Seu amigo está presente quando você está angustiada e seu namorado não.
- Você se diverte muito mais quando seu amigo acompanha você e seu namorado ao cinema, a festas ou até mesmo a jantares.

É bem possível que nem todos os homens que você usa como régua para medir o seu cara estejam relacionados aqui. Assim, pense na sua própria vida e nos homens que a intrigam. Alguns serão tipos sobre os quais você já pensou uma ou duas vezes e, depois, esqueceu. Outros, no entanto, poderão ser indicadores de um problema mais sério no seu relacionamento. Lembre-se de que comparar seu namorado a outros homens não significa, necessariamente, que o seu relacionamento seja ruim. O que realmente importa é o motivo pelo qual você faz isso.

Se você pensa nesses homens e decide que realmente ama o seu cara, passou num teste importante. Provou que pode permanecer comprometida com ele apesar das tentações que a cercam. Mas lembre-se de que outros homens não irão se enfiar num buraco e ficar longe do seu campo de visão pelo resto da vida. A tentação sempre estará ao seu alcance, mas você pode aceitar esses pensamentos como sendo normais e usá-los para fazê-la se lembrar de todos os motivos pelos quais você realmente ama seu namorado.

> As pessoas só enxergam o que estão preparadas para enxergar.
>
> **RALPH WALDO EMERSON**

Confissões de verdade

Você continua convencida de que outras mulheres não comparam os homens delas a outros caras que as cercam? Então fique sabendo que comparam, sim. Lembre-se de que, por mais bizarros que os seus pensamentos possam parecer, você não está só. Mulheres de todos os lugares admitem que ousam comparar, mas que aprendem a impedir que essas avaliações estraguem o relacionamento delas. A seguir, alguns exemplos:

- "Ouço as minhas amigas se gabarem sobre seus namorados fabulosos e invento coisas sobre o meu porque quero que todo mundo ache que temos um relacionamento perfeito. Então, eu me obrigo a lembrar que talvez essas outras mulheres também estejam inventando algumas coisinhas. Ninguém tem um relacionamento perfeito." – Lynette, 35 anos.
- "Quando saio à noite, vejo uns caras usando camisas iradas que os deixam muito descolados. Então, o que é que eu faço? Saio e compro as mesmas camisas para o meu namorado e ameaço renegá-lo para sempre se ele não as usar. Mas aí ele faz alguma coisa fofa e isso me faz lembrar que ele não precisa de uma camisa irada para ser um cara legal." – Michelle, 26 anos.
- "Mais de uma vez eu sonhei acordada com um determinado homem com quem trabalho. Algumas vezes, eu me sinto culpada e fico apavorada que as outras pessoas sejam capazes de perceber o que está se passando pela minha cabeça. O mais engraçado é que outras mulheres que já passaram bastante tempo com ele não o toleram. Talvez ele me atraia porque não o conheço." – Jenna, 24 anos.

- "Conheço uma mulher que fala sem parar sobre todos os presentes que o namorado lhe dá e sobre como tem certeza de que ele é *o* cara. Eu sinceramente a odeio por causa disso. Sei que é criancice minha, mas nem sinto vontade de conviver com essa garota porque ela me faz questionar o meu próprio relacionamento. Tenho de me fazer lembrar que ela vive se gabando porque se sente insegura." – Kate, 32 anos.

- "Às vezes, quando me irrito com o Steve, começo a fazer rabiscos e acabo juntando o meu nome com o sobrenome de outros homens. Eu simplesmente tento ver se o sobrenome de algum ex soa melhor do que o dele. Às vezes a gente precisa pensar em outros homens para refletir com clareza sobre aquele com quem está no momento. Se ele for o cara certo, essas comparações a ajudarão a se dar conta disso." – Mary Beth, 29 anos.

- "Quando o Rob apareceu no meu escritório no Dia dos Namorados com um monte de balões, tive a sensação de que havia vencido porque ele fez algo de diferente. As outras mulheres apenas receberam flores. Agora, quando eu me sinto tentada a compará-lo de maneira negativa com outro cara, tento lembrar das coisas fantásticas que ele fez e que o tornam melhor do que outros caras. – Ellie, 32 anos.

A conclusão sincera

Se você respondeu a essas perguntas e decidiu que os seus olhos errantes são sintoma de um problema maior no relacionamento, você precisa ser sincera com você mesma – e com seu namorado – e terminar tudo. Isso é mais fácil de falar do que de fazer, é claro, mas se você estiver assentindo com a cabeça nesses momentos reveladores, é bom se dar conta de que alguma parte de você já se decidiu a deixá-lo. Terminar com um cara é doloroso até mesmo se você sabe que ele não é certo para você. Mas a dor de um fim de relacionamento não é nada se comparada à tortura de um relacionamento de longo prazo que não a satisfaz. Caso você precise de um empurrãozinho para agir, considere estas alternativas absurdas.

A palavra grega para tentação significa testar, experimentar, provar.

SELWYN HUGHES

Mantenha o relacionamento vivo

Você pode ficar com o seu namorado por muitos anos à medida que vocês vão se tornando mais acomodados e suas vidas se entrelaçam, muito embora você saiba, bem lá no fundo, que ele não é o cara certo para você. Se você escolher essa opção, talvez vá a festas e passe a noite toda observando outros homens e sentindo inveja das mulheres que parecem ter a sorte de estarem apaixonadas. Isso poderá levá-la a se sentir amarga e ressentida porque está deixando de viver da maneira que deveria ao lado de um homem que a teria feito feliz. Em algum momento, você até mesmo poderá ficar tentada a deixar seu cara por outra pessoa, mas não conseguirá fazê-lo com tanta facilidade porque já dedicou tempo e energia demais ao relacionamento. A essa altura, vocês dois já compartilharão os mesmos amigos e, talvez, a mesma casa e filhos. Quanto mais tempo você ficar com um

OU CASA OU VAZA

cara que não é o homem certo para você, mais entrelaçadas suas vidas estarão e mais difícil será deixá-lo.

Busque um Band-Aid

Você também pode tentar mudá-lo ou a você mesma para fazer o relacionamento funcionar, mas essa opção não é muito atraente por motivos óbvios. As pessoas raramente mudam e, quando mudam, essas mudanças não costumam durar. Algumas vezes, as pessoas se casam e têm filhos achando que essas experiências as deixarão mais unidas e ajudarão no relacionamento. Mas, em vez disso, descobrem-se ainda mais desiludidas e se distanciam mais quando a vida se complica.

Para essa opção funcionar, vocês provavelmente terão de procurar um terapeuta de casais antes mesmo de pensarem em noivado. Mas por que é que você iria querer uma coisa assim quando pode colocar um ponto final na situação e conhecer aquela pessoa especial que combina com você naturalmente? Faz mais sentido terminar e esperar a pessoa certa do que tentar fazer com que essa furada dê certo.

Aja agora

Se você só sente coisas mornas pelo seu carinha e sabe que falta muita coisa ao seu relacionamento, está na hora de terminá-lo. Você precisa ser capaz de assumir um compromisso junto a ele e não dá para fazer isso se você vive ansiando por alguma outra coisa (ou algum outro alguém). Se você o compara a outros homens com regularidade e deseja estar com eles ou quer que seu namorado mude, você claramente não pode assumir esse compromisso.

Assim, por mais difícil que seja pular fora, você precisa terminar com ele. Não espere até depois do Dia dos Namorados. Nem mesmo até depois do aniversário dele ou do casamento da sua amiga porque ele vai acompanhá-la. Nunca é o momento certo de terminar com alguém. Em vez disso, prenda a respiração e mergulhe, sabendo que o que você está prestes a fazer é certo tanto para você quanto para ele.

Comparações positivas

Homens são um pouquinho como flocos de neve, cada qual com seu formato único e bordas recortadas. Podem derreter rapidamente ou grudar em qualquer superfície disponível. Podem ser grandes ou pequeninos, fofos ou meio sujinhos. Cada um é delicado e lindo à sua própria maneira. Isso mesmo, vá em frente, diga ao seu namorado que ele é "delicado e lindo" e veja o tipo de reação que você terá.

A grande questão é que o seu namorado, definitivamente, possui características únicas que fazem com que você o ame. Talvez ele não seja o sujeito mais sexy do planeta, mas tem um sorrisinho malicioso todo especial que é visto a cada vez que faz algo para irritá-la. Ele pode não ser tão rico quanto o Bill Gates, mas dá um duro danado para lhe dar presentes fofos e significativos. Ao lado de outro homem, no jogo das comparações, esses são os quesitos nos quais seu namorado vencerá sempre. Concentre-se nessas comparações positivas. Identifique essas características únicas que ele possui e que o tornam mais especial para você do que qualquer outro homem do planeta.

Lembre-se de que estar comprometida não significa romper com o resto do mundo. Não se esqueça que, mesmo se você for a mulher mais linda, encantadora e perfeita que já existiu, é inevitável que seu namorado ache outras mulheres atraentes da mesma maneira que você acha outros homens interessantes. É importante que ambos sejam sinceros um com o outro sobre o que precisam e o que querem do relacionamento. Se você sente que não tem carinho o bastante ou se ele sente que você não passa tempo suficiente ao lado dele, vocês deveriam se sentir confortáveis em compartilhar esses sentimentos. Com os anos, os dois irão mudar e ambos terão necessidades diferentes. Se vocês não forem abertos um com o outro sobre essas necessidades, vão sentir que têm de buscar outra fonte para satisfazê-las.

Independente do quanto o seu relacionamento é positivo, de vez em quando você ainda irá notar aquela celebridade supersexy na TV ou dar uma olhadinha no gatinho que está na fila do supermercado e pensará: "Uau, esse daí é mais bonito do que o que eu tenho em casa". Mas o pensamento será fugaz e talvez, até mesmo, a faça rir quando passar pela sua cabeça pela centésima vez. Porque agora você sabe a verdade: onde quer que você olhe, poderá encontrar um cara que tenha alguma vantagem sobre o seu namorado. Neste planeta de mais de seis bilhões de pessoas, sempre haverá um cara mais bonito, mais inteligente, mais bem vestido ou mais rico do que aquele com quem você está. A resposta para a pergunta "Tem alguém melhor por aí?" sempre será sim. Portanto, talvez essa não deva ser a pergunta que a gente deva estar fazendo.

Capítulo 3

O gostinho da realidade, meu bem

Independente de como seu relacionamento houver começado, de muitas maneiras, o início – ou "a fase da lua-de-mel" – é parecido para todos os casais. Os dois estão assumindo seu melhor comportamento, você tem a sensação de que a outra pessoa é *totalmente* certa para você e nenhum dos dois consegue imaginar que a vida possa ficar melhor do que isso. Nesse período, vocês podem conversar durante cinco horas, sem interrupções e sem saber onde o tempo foi parar. Se você decidir que quer tomar sorvete às duas da manhã, ele se veste, pega o carro e vai até o supermercado, na maior animação, só para comprar um pote para você. No carro, ele até mesmo ouve as canções de amor mais bregas e pensa no quanto você fica adorável sem maquiagem. Se ele ficar preso no trabalho e não puder passar para buscá-la, você nem liga. Acha fofo ele ser importante e ocupado. Vocês dois podem passar a semana inteirinha juntos e, ainda assim, acharem que foi pouco. A vida é, simplesmente, magnífica.

Mas, por melhor que seja o relacionamento, a novidade inevitavelmente se desgasta. Pode levar dois meses, um semestre ou mais de um ano para essa mudança ocorrer, mas ela ocorrerá e isso não será necessariamente ruim. A transição para essa fase significa que vocês dois sentirão o gostinho da realidade – o que de fato é uma vida a dois. Durante esse período, você poderá se pegar questionando se ele é ou não o cara certo para você como nunca havia questionado antes. Tudo aquilo que você adorava a respeito dele lhe parecerá menos divino do que pareceu um dia e você tentará se lembrar por que começou a namorá-lo, para início de conversa. Você ponderará se esse gostinho de realidade é ou não a coisa *certa*.

> Uma vez possuído, um objeto raramente detém o mesmo encanto que tinha durante sua perseguição.
>
> PLÍNIO, O JOVEM

A lua-de-mel acabou?

Você talvez esteja se perguntando: "Mas como é que a fase da lua-de-mel pode terminar tão rápido? Não é para durar alguns anos? Como é que ele pode ser o cara certo para mim se já está me levando à loucura depois de três meses?" Bem, a verdade é que talvez ele *não* seja o cara certo para você e as coisas que acontecerem durante esse período podem, sim, ser sinal de um fim prematuro. Mas também podem ser uma parte normal do esquema, mudanças típicas que, por fim, deixarão seu relacionamento mais forte. Quando os momentos de idílio parecerem ser coisa do passado, dê um passo para trás e repare como seu relacionamento mudou. Se você olhar sinceramente para o seu relacionamento, encontrará sinais que a ajudarão a decidir se você deve ou não ir em frente.

As estranhas mudanças

Embora você possa esperar mudanças no seu relacionamento, elas não devem ser tão traumáticas que a deixem preocupada ou com vontade de sair correndo. Elas devem ser mais parecidas com uma massa de biscoito molinha e grudenta que começa a ficar firme e dourada no forno. Uma ligação mais íntima continua a ser saborosa, embora seja menos fresca e pegajosa. Se as mudanças forem mais significativas, podem ser uma indicação de que você esteja diante de um problema maior. Use a lista a seguir para decidir se o relacionamento mais "verdadeiro" que você tem agora deve ser algo do qual você deveria se livrar.

Pequenos hábitos

Você nunca havia notado os pequenos hábitos dele antes e, agora, eles a vêm irritando quase que diariamente. Ele apara as unhas do pé no banheiro com a porta aberta e isso a leva à loucura. Ele a acusa de construir uma fortaleza em volta da pia com todos os seus frascos de unguentos de beleza, aqueles que ele derruba a cada vez que tenta lavar as mãos. Mas, aí, ele assiste à televisão sem som, com legendas. Que história é essa, hein? Você certamente não faz nada de tão irritante assim.

Todos nós temos os nossos pequenos hábitos e os dele vão começar a irritá-la. Essa mudança é bastante típica e não deve alarmá-la. Você deve se preocupar apenas se:

- Ele tiver um *pequeno hábito* de se drogar sobre o qual não havia lhe contado até agora.
- Ele tiver o *hábito* de chamá-la de nomes degradantes como "vaca" e "vagabunda".
- Ele tiver o *hábito* de "esquecer" os encontros.
- Ele adquirir o *hábito* de aparecer na sua casa quando está bêbado.

Briguinhas

Antigamente, estava claro que o dono do carro dirigia. Hoje em dia, ele se segura às laterais do banco, como se não fosse se soltar nunca mais, a cada vez que você pisa no acelerador. Por fim ele se recusa a deixá-la assumir o comando porque simplesmente não confia "em motoristas mulheres". Você tampouco é muito fã dele ao volante. Afinal de contas, quem tem um monte de multas por violações de trânsito é ele. Pequenas divergências ocorrerão pela primeira vez assim que aquele brilho inicial esmaecer e, apesar de todos os comentários sarcásticos que vocês dois deixarem escapulir, nada disso é sério. Você só deve se preocupar se:

- Ele gritar e berrar com você durante essas brigas ou a ameaçar de alguma maneira.
- As divergências se tornarem parte habitual da sua interação a cada vez que estiverem juntos.
- Vocês estiverem discordando de coisas que são, fundamentalmente, importantes para você, como crenças religiosas ou valores pessoais.
- Vocês levarem dias para voltarem às boas depois de uma discussãozinha boba.

Menos paciência

Você costumava passar uma eternidade se arrumando para sair com ele e ele esperava pacientemente enquanto folheava um catálogo de compras qualquer. Hoje em dia ele anda mais... Bem, mais irritadinho. Na verdade, na semana passada, ele subiu as escadas, tirou seu secador da tomada no meio de um jato de ar e berrou: "Você vai demorar a noite toda?" Ele simplesmente não tem mais a paciência que costumava ter, embora você também não seja muito fã da velha frase: "Espere só mais dois minutinhos para ver quem vai vencer essa briga..."

Quando duas pessoas passam muito tempo juntas, elas sempre têm momentos em que ficam irritadas uma com a outra. Acabam encontrando uma maneira de aliviar a tensão sem terem de explodir em todas as ocasiões. Uma mudança de comportamento não é grave a não ser que:

OU CASA OU VAZA

- Seja uma guinada de 180 graus e você não tenha mais a menor ideia de quem ele é.
- Você tiver a sensação de que tem de fazer tudo o que ele lhe pedir porque, se não fizer, ele vai se zangar.
- Ele parecer decidido a mudá-la para que você seja exatamente como ele quer que você seja.
- Ele se sentir tão "à vontade" que não dá a mínima para o que você acha da maneira como ele age e comece a dizer coisas como "Se você não gostou, vaza."

> Nada é permanente, exceto a mudança.
>
> HERÁCLITO

Um novo nível de sinceridade

A sinceridade é ótima num relacionamento, não é mesmo? Então, é uma coisa boa quando vocês dois pedem a palavra e dizem o que estão pensando. Você diz "não" ao gel de cabelo e ele manda logo um "nem pensar" quando você veste aquele top brilhoso. Você se imbui do direito de lhe dizer que meias brancas são uma gafe imperdoável com quase qualquer combinação de calça e sapato. Da mesma forma, ele lhe diz que nunca foi com a cara das suas amigas lesadinhas do trabalho e que não quer ter de jantar com elas... nunca mais. Vocês dois passam a compartilhar um novo nível de comunicação, aberto e sincero. É bacana a sensação de poder expressar suas opiniões um para o outro. Essa mudança só passa a ser problemática se:

- Ele se tornar tão sincero que chega a ser insultante, dizendo coisas do tipo: "Você coloca tanta maquiagem que fica parecendo um mímico. Pena não ser tão silenciosa quanto um."
- Quando ele decidir "contar tudo", você descobrir que mentiu sobre algo importante como uma ficha criminal, um filho de um relacionamento anterior ou a idade.
- Quando você tentar ter uma conversa aberta e franca, ele não levar a coisa numa boa e começar a gritar quando você lhe falar dos seus sentimentos ou das coisas que a incomodam.
- Você tiver a sensação de que a tal da sinceridade não tem nada de "realmente" sincera. Em outras palavras, ele jura que nunca transou com outra mulher e que tem uma casa de campo de um milhão de reais, embora você saiba que é tudo mentira.

Distrações

Ele nunca quis sair com os rapazes antes e agora parece que, todo fim de semana, pelo menos uma noite fica reservada para esses bebedores de cerveja, alguns dos quais você nunca nem conheceu. Você não sai muito com os seus amigos, por que é que ele tem de sair com os dele? Vocês começam a passar um tempinho sozinhos aqui e ali até mesmo quando estão no mesmo lugar. Você diz alguma coisa enquanto ele assiste à televisão e ele grunhe uma resposta. Três semanas depois, ele jura que nunca concordou em ir assistir ao grupo de teatro comunitário encenar *Chapeuzinho Vermelho*. Vocês têm mais tempo para conversar sobre as coisinhas do dia a dia porque se veem com mais frequência, mas só tem um pequeno problema: nem sempre prestam atenção para o que o outro tem a dizer.

OU CASA OU VAZA

É natural e saudável que os dois voltem a viver as suas próprias vidas uma vez que a fascinação inicial de um com o outro passar. Quando aquela excitação toda gastar um pouco, vocês vão começar a se importar mais com aquilo que a interessava quando estavam sozinhos – seus próprios amigos, suas atividades e interesses. Essa mudança só será um problema se:

- Ele anda tão cheio de distrações que começa a sair com outras duas meninas além de você.
- Você tiver a sensação de que ele nunca escuta o que você tem a dizer, não liga para o que você diz e espera que você cale a boca.
- Você não tiver a menor vontade de prestar atenção nele – nenhuma mesmo – porque simplesmente não gosta mais dele.
- O relacionamento for desigual – um de vocês escuta e é atencioso, o outro simplesmente desliga o cérebro.

Compartilhando responsabilidades

Quando vocês dois se conheceram, ele pagava tudo. Insistia para que você guardasse a carteira. Em casa, você lhe servia drinques e lhe levava o controle remoto. Mas, certa noite, tudo mudou. Ele aceitou aquela nota de 50 reais que você ofereceu no jantar e isso era mais do que metade da conta. Depois, você decidiu deixá-lo ir fazer o próprio drinque, para variar. Afinal de contas, você não é garçonete de ninguém.

É normal vocês começarem a rachar as contas durante encontros, em casa e durante atividades em algum momento do relacionamento. Quando a fase da corte termina e os dois ficam confiantes de que conquistaram a afeição do outro, é claro que vão parar de agir como se fossem tão doces e educadinhos que fariam qualquer coisa pelo outro. Essa mudança só se transforma em problema se:

- A definição de "compartilhar" de uma das partes estiver fazendo com que a outra escolha o restaurante ou pague a conta o tempo todo.
- "Compartilhar" se transformar num joguinho de "elas por elas". No jantar, ele tira uma calculadora do bolso e lhe diz quanto você deve e lhe lembra que é a sua vez de pagar.
- Ele esperar que você coloque o seu dinheiro e cartões de crédito à disposição dele e seja fiadora de um empréstimo de cinco mil reais.
- Ele quiser que você esteja aberta a compartilhá-lo com outra mulher.

> Acho que os homens sabem ser românticos com uma mulher e a maioria o faz bem, pelo menos por um período, ou as mulheres não se casariam com eles. O problema é que a maioria deles descansa sobre os louros.
>
> NICHOLAS SPARKS

Você não está só

Você ainda não está convencida de que esse tipo de mudança é típico num relacionamento? Você acredita mesmo que, se acabou de conhecer o cara certo, a fase da lua-de-mel nunca terminaria, que ele continuaria a fazer faxina no apartamento antes de você ir visitá-lo e que saltaria da cama dez minutos mais cedo toda manhã só para fazer café para você? Pense outra vez. Nenhum homem é perfeito. Você talvez encontre um homem que faça café-da-manhã para você, mas que se recuse a lavar a louça em seguida; ou um que ouve tudo o que você tem a dizer, até mesmo enquanto assiste a um jogo de futebol, mas se esquece do aniversário de namoro de vocês. Você tem de decidir do que precisa realmente, porque todo homem tem defeitos e esquisitices irritantes. Na realidade, mulheres de verdade, que vivem relacionamentos extremamente felizes, nos quais existe um compromisso verdadeiro, já confirmaram esse fato. Lembram-se, com grande clareza, dos momentos em que seus próprios relacionamentos se tornaram menos do que perfeitos. Eis o que algumas tiveram a dizer:

- "De início, ele sempre aparecia vestindo uma camisa bem passada e com a barba bem feita. Então, notei que parou de fazer a barba. Algumas semanas depois, começou a usar camiseta. Hoje, tenho de lhe implorar para se arrumar quando saímos com amigos." – Marissa, 28 anos.
- "Nos seis primeiros meses do nosso namoro, ele dizia, 'Você fica ótima vestindo qualquer coisa'. Hoje, ele não hesita em me dizer como se sente de fato. Dá opinião sobre as minhas roupas até mesmo quando não peço." – Carrie, 34 anos.
- "Ele agia como se adorasse conversar com a minha mãe porque estava tentando me impressionar. Batia papo com ela no telefone e lhe perguntava como havia sido o dia dela. Hoje, quando ela liga, eu tenho de cobrir o bocal com a mão e lhe implorar para dizer 'oi' para ela." – Christine, 30 anos.
- "No começo, ele sempre tinha um restaurante escolhido e um plano todo detalhado para depois do jantar. Hoje em dia, ele pergunta: 'O que você quer fazer esta noite?' e se eu não responder, ele continua a assistir à tevê." – Katie, 29 anos.

O GOSTINHO DA REALIDADE, MEU BEM

- "De início, ele me mandava buquês de flores no trabalho. Na verdade, achei que estava exagerando um pouco com os presentes. Então, ele parou de mandar os buquês e passou a mandar cartões. Hoje, se eu der muitas indiretas ele *talvez* compre flores para mim no supermercado." – Sharon, 40 anos.
- "Eu lembro, claramente, que ele tinha dificuldade em dormir quando ficava no meu apartamento. Ficava tão feliz em me ver que não se deitava até eu dormir. Hoje, eu não conseguiria arrastá-lo para fora da cama nem se houvesse um incêndio." – Jen, 37 anos.

Relacionamento em declínio

Nem sempre morremos de alegria com as pequenas alterações que ocorrem num relacionamento, mas essas mudanças são uma etapa normal do processo de conhecer alguém. Assim, quando um cara a tiver levando à loucura, lembre-se de que todo homem passa por essa mesma transformação e que isso não quer dizer que você tenha escolhido um perdedor. Eis algumas mudanças típicas:

Antes: ELE DORMIA COM SAMBAS-CANÇÃO NOVINHAS EM FOLHA E TOMAVA UM BANHO CUIDADOSO ANTES DE SE ENFIAR NA CAMA.

Agora: ELE JOGA BASQUETE, TOMA UMA CHUVEIRADA RÁPIDA E DORME PELADO, A NÃO SER PELAS MEIAS SUARENTAS.

Antes: VOCÊ SE APAIXONOU POR UM SUJEITO ADORÁVEL, COM UM SORRISO FOFO.

Agora: DEPOIS DE OBSERVAR O ROSTO DELE BEM DE PERTO, DURANTE MESES E MESES, VOCÊ FINALMENTE NOTOU QUE AQUELE FURINHO NO QUEIXO FAZ COM QUE O ROSTO DELE PAREÇA UMA BUNDINHA.

Antes: VOCÊ PASSAVA SEMANAS SEM CONSEGUIR COMER DE TANTO QUE ELE A DEIXAVA NERVOSA.

Agora: O SEU APETITE ESTÁ DE VOLTA E VOCÊ DEFENDE OS SEUS BISCOITOS COMO UMA LEOA QUANDO ELE TENTA ROUBAR UM.

O GOSTINHO DA REALIDADE, MEU BEM

Antes: VOCÊ ACHAVA QUE A CAMISETA RASGADA FAVORITA DELE O DEIXAVA AINDA MAIS GATO.

Agora: VOCÊ COMPRA VÁRIAS CAMISETAS NOVAS PARA ELE E A RASGADA DESAPARECE, MISTERIOSAMENTE.

Antes: VOCÊ SE OFERECIA PARA IR A QUALQUER LUGAR COM ELE CONTANTO QUE ISSO O DEIXASSE FELIZ.

Agora: VOCÊ AMEAÇA TERMINAR O NAMORO SE ELE A FIZER IR MAIS UMA VEZ ÀQUELE PUBZINHO XEXELENTO QUE FICA PERTO DA CASA DELE.

Antes: QUANDO VOCÊ COMEÇOU A DORMIR NA CASA DELE, O BANHEIRO VIVIA IMACULADO, AS LOUÇAS LIMPAS E O CHÃO DA SALA ASPIRADO.

Agora: PARA ELE, ACABOU A FAXINA OBRIGATÓRIA DO APARTAMENTO. A COZINHA VIVE COBERTA COM UMA CROSTA DE MIGALHAS DE *NACHOS* E VOCÊ TEM DE PÔR GALOCHAS QUE VÃO ATÉ AS COXAS PARA USAR O BANHEIRO DELE.

Antes: OS AMIGOS DELE PARECIAM SER BEM-COMPORTADOS E LHE FAZIAM PERGUNTAS INTELIGENTES SOBRE SUA VIDA.

Agora: OS AMIGOS DELE FALAM PALAVRÕES E LHE PERGUNTAM SE VOCÊ CONHECE GAROTAS GOSTOSAS COM AS QUAIS ELES POSSAM SAIR.

• • • • • • • • • • • • • • • • • • • •

Medindo a mudança

Você sabe que deixou a fase da lua-de-mel para trás há muito tempo quando aquela rosa solitária deixada na porta da sua casa pertence ao passado e, em seu lugar, encontram-se tênis enlameados que você quer jogar no cesto de roupa suja. Por um tempo, você pode ter a sensação de que não está mais namorando o mesmo cara porque os hábitos, comportamentos e até mesmo a aparência dele tornaram-se mais "naturais". Mas isso não é de todo ruim – em alguns aspectos, essa mudança pode ser bacana. Ela quer dizer que você também pode relaxar um pouquinho: raspar as pernas com menos frequência e permitir que ele veja as fotos daqueles primos esquisitos que você tinha medo de que o espantassem para sempre. Mas, se ele não for o cara certo, você achará algumas das mudanças no relacionamento absolutamente inquietantes. Assim, antes de aceitar, por completo, essa versão mais real do seu namorado, faça algumas perguntas a você mesma.

> Qualquer mudança, até mesmo para melhor, vem acompanhada de inconveniências e incômodos.
>
> **ARNOLD BENNETT**

O GOSTINHO DA REALIDADE, MEU BEM

Às vezes você sente vontade de sair correndo?

Uma coisa é ficar uma fera quando dá de cara com a coleção de material pornográfico dele; outra é esse acontecimento ficar marcado em sua mente pelo resto da vida. Existem coisinhas capazes de testar o compromisso de todos nós. Você talvez ache que não consegue conviver com animais de estimação em hipótese alguma. Outra pessoa pode achar que conhecer alguém que ama cães é o mesmo que encontrar uma alma gêmea. Estabeleça seus limites e atenha-se a eles. Independente do quanto o comportamento dele possa ser inofensivo, não adianta nada prolongar a dor. Faça um favor a você mesma e a ele e termine tudo agora. Fique de olhos abertos para outras mudanças definitivas no comportamento e nas atitudes dele, para mudanças que não são aceitáveis sob circunstância alguma. Termine tudo se:

- Ele se tornar agressivo, verbal ou fisicamente.
- Ele tentar manipular ou controlar você, lhe dizendo o que vestir e impedindo-a de ver os amigos.
- Ele se tornar insuportavelmente carente, lhe perguntando a cada cinco minutos se você gosta dele e a perseguindo por não passar tempo suficiente com ele.
- Ele não der mais a menor bola para o relacionamento, a não ser que você esteja lhe proporcionando dinheiro ou sexo.
- Ele estiver desempregado e morando no seu sofá sem planos de encontrar um novo emprego.
- Ele estiver usando drogas ou bebendo.
- Ele parar de lhe telefonar e de planejar encontros e você tiver a sensação de estar fazendo todo o esforço.

OU CASA OU VAZA

Alguns dos homens mais perigosos podem ser incrivelmente doces nos primeiros meses. Essa é a maneira com que eles operam. Assim que sabem que você está interessada neles, começam a mostrar quem são na realidade e essa verdade pode ser assustadora. As mudanças que você presenciará talvez a irritem, mas não devem deixá-la ansiosa, temerosa ou magoada e sentindo que não é amada. Se isso acontecer, você precisa pular fora hoje mesmo.

Suas expectativas são realistas?

Se você decidir que quer terminar com seu carinha porque não tolera as mudanças pelas quais ele passou, apenas certifique-se de que as suas expectativas são realistas. Lembre-se de que vários dos hábitos e comportamentos dele, que vão emergindo à medida que vocês forem ficando mais à vontade juntos, são só "coisas típicas de bofe". Podem não ser agradáveis. Na verdade, às vezes, podem levá-la, simplesmente, à loucura, mas isso não quer dizer que ele não seja um bom namorado e que vocês não tenham um bom relacionamento. Enquanto você estiver namorando um macho heterossexual, pode esperar uma eventual piradinha. Lembre-se de que nós também fazemos algumas coisas que enlouquecem os homens (muito poucas, é claro). As diferenças entre os sexos mantêm todos os relacionamentos repletos de um fabuloso atrito.

Coisa típica de bofe

Os homens, assim como as mulheres, ressentem-se de serem colocados todos num mesmo balaio, embora haja determinadas qualidades e hábitos que eles simplesmente não podem negar serem típicos de seu gênero. Sempre haverá exceções à regra, mas vamos supor – apenas por um minuto – que o seu namorado não seja a exceção. Você pode esperar algumas coisas, como:

- Ele não lhe dará toda a sua atenção se você falar com ele durante alguma competição esportiva ou durante seu programa de tevê favorito.
- Ele esquecerá, de vez em quando, que prometeu ir com você a uma loja de utensílios domésticos e marcará um jogo de basquete para o mesmo dia.
- Ele vai relaxar e parar de fazer aquelas coisinhas (flores, bilhetinhos fofos etc.) com tanta frequência.
- Ele comprará o seu presente de aniversário no dia ou, se você estiver com sorte, na véspera. Se você lhe implorar para comprar o presente da mãe dele antecipadamente, ele ficará com uma expressão muito confusa e lhe perguntará por que você está tão estressada.
- Ele não compreenderá por que uma banheira precisa ser limpa mais de uma vez a cada seis meses.
- Ele vai parar de oferecer ajuda, opinião e conselhos quando você precisar (para escolher restaurantes, decidir o que fazer no sábado etc.) e começará a oferecê-los quando você não precisar (como você está dirigindo, que tipo de tevê deve comprar).
- Ele não lerá o livro *Como melhorar o seu relacionamento* que você deixou sobre o travesseiro dele (ou dentro da pasta ou colado com fita isolante ao controle remoto).

As nossas esquisitices fofas

Da mesma maneira que os homens têm seu comportamento típico, nós também temos nossas esquisitices fofas, mesmo que os homens não as achem tão fofas assim. Lembre-se de que ele também está aprendendo a viver com uma versão mais natural de você, por isso, dê a ele um desconto. Eis o que homens de verdade têm a dizer sobre aquilo que mais os irrita nas mulheres:

- "Eu não me incomodo quando o meu cachorro solta pêlo, mas juro que meu estômago fica meio embrulhado quando encontro aqueles fios de cabelo enormes dela no chão do banheiro." – Matt, 28 anos.
- "Se eu disser a ela que a nossa reserva é para às oito horas, ela acha que a gente tem de sair de casa às oito." – Jeremy, 31 anos.
- "Ela não me diz o que há de errado e depois fica uma fera porque eu não sei que tem. Eu não sou adivinho." – Tony, 36 anos.
- "Ela dorme de meias mesmo num calor de 38ºC. Tenho a sensação de que elas irradiam calor debaixo dos lençóis." – Dave, 27 anos.
- "Ela me pergunta cem vezes qual tipo de queijo deve comprar no supermercado e, quando respondo, acaba comprando o que ela queria." – Mike, 30 anos.
- "Ela sempre pergunta ao garçom se o restaurante tem uma opção de baixa caloria. Simplesmente não consigo entender por que ela não consegue curtir asinhas de frango fritas." – Drew, 23 anos.
- "Ela fala sem parar. Depois, sem brincadeira, fala mais ainda. Ela fala enquanto estamos nos arrumando para ir a algum lugar. Fala no carro. Fala durante qualquer intervalo mais calmo de um filme. Fico realmente impressionado com a necessidade que uma mulher tem de verbalizar as coisas." – Mark, 29 anos.

Deliciosas descobertas

Embora vocês revelem mais da sua porção menos arrumadinha à medida que forem ficando à vontade num relacionamento, também devem descobrir novas coisas das quais gostam sobre o outro. O relacionamento não é só decadência depois da fase da lua-de-mel. É claro que você passará a notar que ele não é tão encantador assim quando enche a cara durante um desses joguinhos imbecis que medem a capacidade etílica dos caras, mas vai curtir o fato de ele gostar de estar com um grupo enorme de amigos. E, realmente, ele não é tão bonitinho assim quando acorda de manhã com o cabelo todo grudado no rosto, mas você fica satisfeita de ele nem ligar para a própria aparência de vez em quando. As pequenas esquisitices e aborrecimentos são equilibrados por todas as coisas bacanas que vocês acabam aprendendo sobre o outro. O relacionamento não se deteriorou, apenas se transformou numa amizade com momentos românticos que são mais reais e íntimos. Agora vocês podem ser quem são de verdade e curtir a conexão legítima que possuem.

Se você não fizer nenhuma descoberta positiva enquanto conhece um cara, isso não é bom sinal. Assim, pense no seu relacionamento. Ele piorou uma vez que você o conheceu de fato ou você passou a enxergar coisas novas, fofas e adoráveis que não notou de início? As suas grandes descobertas podem ser qualquer coisa. Podem ser coisas que todo mundo adora ou coisinhas que são especiais só para você. Pense no que aprendeu sobre o seu namorado à medida que o foi conhecendo.

OU CASA OU VAZA

Temores infundados

Talvez você tenha descoberto que os seus temores sobre ele eram infundados e que ele é diferente do que você imaginava que seria de início. Por exemplo, talvez ele tenha deixado transparecer que era preguiçoso e hoje você sabe que ele trabalha, sim, mas que não gosta de falar sobre o emprego. Ou talvez temesse que ele não seria romântico, mas agora você se dá conta de que é, mas que o demonstra de formas esquisitas, como deixar bilhetes de amor por baixo do tampo do vaso. É claro que você também adquiriu novos temores – você nunca soube que ele gostava de pular de paraquedas e agora teme pela vida dele. Mas, por outro lado, ficou agradavelmente surpresa com o quanto a sua primeira impressão estava, de certa forma, errada.

Interesses em comum

Talvez você esteja descobrindo que vocês dois se divertem com os mesmos tipos de atividades. Por exemplo, vocês dois adoram os jogos disponíveis nos parques de diversões, mas morrem de medo dos brinquedos. Você nunca imaginou conhecer alguém que se sentisse da mesma maneira, mas ele concorda com você. Talvez você descubra que ambos acham comida italiana fantástica e que filmes de ação são os melhores que existem. Ao compartilharem seus verdadeiros sentimentos e preferências, você descobre novas maneiras nas quais os dois são parecidos.

> Num grande romance, cada pessoa desempenha o papel do qual o outro realmente gosta.
>
> ELIZABETH ASHLEY

Um nível de energia parecido

Existem alguns elementos triviais que realmente não podem ser identificados até que vocês estejam juntos por pelo menos alguns meses. Por exemplo, quanto tempo você gosta de jogar tênis antes de querer tirar uma soneca? Você prefere ir aos lugares caminhando ou dirigindo? Com o tempo, depois que entrarem no mesmo ritmo, você se dará conta de que ou vocês têm piques parecidos... Ou não têm. Você pode descobrir que ele gosta de dormir até tarde todos os dias, da mesma forma que você. Vocês não serão parecidos em todos os aspectos, mas você vai fazer algumas descobertas que irão uni-los cada vez mais, em vez de separá-los.

E se não houve a fase da lua-de-mel?

Se este capítulo como um todo lhe parecer um pouco esquisito – você não consegue pensar em quando o seu relacionamento começou a mudar e não se lembra de nenhum "momento ternurinha" –, talvez o seu relacionamento não tenha tido a fase da lua-de-mel. Se você nunca passou por uma excitação inicial quando começou a sair com seu namorado, isso pode ser sinal de

OU CASA OU VAZA

algum problema subjacente. Duas pessoas nunca se comportam tão bem quanto no início de um relacionamento. Se você não estava se esforçando para fazer o relacionamento funcionar naquela ocasião, provavelmente nunca fará. Mesmo que vocês se conhecessem antes de começarem a sair, quando o interesse amoroso entrou em pauta, a coisa podia ter ficado um pouco mais sonhadora. Você se lembra de alguma época que tenha sido muito especial, de alguma fase cheia de divertimento e animação? Se não lembra, talvez vocês não tenham começado com o pé direito e você precisa descobrir por quê.

A cola inicial

Qual foi a cola que iniciou o relacionamento de vocês? A beleza dele? O apelo sexual? O senso de humor? Muitas mulheres dizem que uma combinação de fatores as fez sair com um cara mais do que uma vez. O que foi que uniu você e o seu namorado? Se você acha que a cola inicial que grudou vocês dois não é forte o bastante, termine o namoro. Alguns dos motivos errados para iniciar um relacionamento são:

- UMA INJEÇÃO DE AUTO-ESTIMA. Você estava se sentindo meio insegura e realmente queria alguém que a paparicasse e a tirasse do seu estado de desânimo. Esse cara a cobriu de atenções e a fez sentir-se amada. Agora que você está se sentindo mais segura, não tem certeza de que ele seja a opção certa para você.
- BRILHO E GLAMOUR. Ele tem um apartamento em Nova York, outro em Londres e uma casa de praia em Malibu. Conhece um monte de gente importante e a leva a boates exclusivas. Agora que

você já viveu a vida no jet set, meio que enjoou de tudo isso. Você começa a achar que o brilho e o glamour são tudo o que ele tem a oferecer, e isso não é o bastante para você.

- UM LUGAR PARA MORAR. Você acaba de se mudar para uma nova cidade e precisa, desesperadamente, de um lugar para se hospedar. Vocês saem algumas vezes e ele pergunta se você não quer ir morar com ele. Quando você finalmente junta dinheiro para se mudar, se sente dividida porque gosta dele, mas não o ama por nenhum outro motivo além do apartamento.
- O TAPA-BURACO. Você não namorava ninguém há algum tempo e ele surgiu no seu caminho. Você estava cansada de ser a solteira e ele simplesmente parecia ser a resposta para todos os seus problemas. Você conseguia imaginar vocês dois juntinhos nas férias e ficou na maior animação só por ter alguém com quem se enroscar nos fins de semana. Agora que as coisas ficaram um pouco mais confortáveis, você se dá conta de que a presença de um cara qualquer não é o bastante para deixá-la contente.
- UM APOIO À SUA CARREIRA. Ele trabalhava na empresa dos seus sonhos, então você decidiu sair com ele. Ele conseguiu um emprego para você lá, mas desde então você descobriu que não está apaixonada por ele. Você se sente desconfortável terminando o namoro porque não quer parecer ingrata, mas tampouco quer continuar a namorá-lo por pura obrigação.
- ELE LHE PARECEU ÓTIMO NO PAPEL. Na teoria, ele tinha todas as características que o teriam tornado um bom partido para você. Era bonitinho, inteligente, tinha um MBA, um emprego fabuloso e era mais alto do que você calçando saltos. Em outras palavras, tinha um excelente "CV masculino". Mas agora que você está conhecendo o "ele verdadeiro", se dá conta de que nunca gostou da personalidade do cara. Tantas credenciais simplesmente não são o bastante para fazerem você querer ficar com ele.

99

Indiferença mútua

Você já ouviu a frase "proximidade é intimidade"? Se vocês dois moram no mesmo prédio ou bairro e se veem, vez ou outra, na rua ou na lavanderia, em algum momento podem decidir se envolver romanticamente. Mas cuidado ao se envolver num relacionamento nascido da conveniência. Ele é o seu ficante. Ele é o seu "amigo com benefícios". Você adora passar algum tempo com ele, se enroscar no corpo dele e aparecer com ele em eventos formais como seu acompanhante de segurança. Mas ele não é o seu ideal. Você pode acabar tão acostumada à companhia dele que esquece que, de início, vocês não estavam realmente comprometidos um com o outro. Se você estiver namorando um cara porque ele está próximo, embora se sinta ambivalente com relação a ele, termine. Não perca o seu tempo namorando alguém que claramente não é certo para você.

> Desperdiçamos o nosso tempo buscando o amante perfeito em vez de criarmos o amor perfeito.
>
> TOM ROBBINS

Plataforma de lançamento

Seu relacionamento pode ter passado batido pela fase da lua-de-mel porque o cara não assumia o melhor comportamento no início ou porque, simplesmente, não estava a fim de namorar. Se você acha que esse é o motivo de você não se lembrar da fase da lua-de-mel (ex: você estava nervosa ou ansiosa demais sobre qual seria o próximo passo dele), tem um problema nas mãos. O comportamento de um cara nos primeiros meses abre terreno para os próximos anos. Se ele não a tratar bem enquanto você é novidade na vida dele, pode esperar que as coisas piorem quando ele baixar a guarda. Se você tem a sensação de que o relacionamento não está funcionando agora e de que não está conseguindo o que precisa dele, examine o início outra vez. Se ele não era nenhuma maravilha naquela época, talvez ele é quem tenha entrado no relacionamento pelos motivos errados. Quando um cara está afim de fazer um relacionamento funcionar, alguns sinais claros devem estar presentes. Eis o que procurar:

Modos impecáveis

Se ele realmente gostar de você, assim que a conhecer, chegará um pouco mais cedo à sua casa antes de um encontro, vestido de maneira impecável. Ele dirá "por favor" e "obrigado", abrirá a porta para você e insistirá em pagar a conta mesmo quando você fizer um esforço de meia-tigela para pegar a carteira.

Ótima higiene

Mesmo que ele seja, normalmente, um porquinho, assim que a conhecer, se gostar de você, dará uma limpadinha na própria barra. Um cara apaixonado tem verdadeiro pavor de estar com uma folhinha de alface no meio dos dentes enquanto janta com uma garota de quem gosta. Se os dentes dele contiverem um imenso naco de alface, atum e um pedacinho de alguma coisa não-identificada, ele não estará lhe mostrando o menor respeito.

Adoração legítima

Ele a tratou com gentileza e consideração? Ele a chamou de "linda", "maravilhosa" ou pelo menos parecia estar pensando nessas coisas? Se não a tratou bem enquanto a achava simplesmente perfeita, não vai fazê-lo depois de conhecer todas as suas esquisitices e defeitos.

Colocar você em primeiro lugar

Quando ele começou a sair com você, devia ter colocado os seus interesses em primeiro lugar. Os amigos dele, esportes ou videogames não deviam vir antes de você na ordem de prioridades. Ele deveria ter ficado animadíssimo diante da perspectiva de passar algum tempo ao seu lado. Sempre chegará o dia em que um cara se recusará a perder um jogo importante para levá-la para jantar, mas ele não deve ser assim tão imbecil desde o início.

Fazendo planos

Nos primeiros meses do relacionamento, o seu carinha devia ter feito planos grandiosos para vocês dois. Devia ter falado sobre passeios que levariam o dia inteiro ou destinos para as férias. É claro que essa conversa sonhadora irá diminuindo com o tempo, mas não deve estar completamente ausente desde o início.

Nada de desculpas

Embora ele possa fazer um monte de coisas irritantes e impensadas agora que você o conhece bem, de início ele deveria ter feito todo o esforço para telefonar na hora marcada, não se atrasar para compromissos e se lembrar do seu aniversário. Todo cara se comporta maravilhosamente bem quando está tentando ganhar seu coração. Se ele não estiver se comportando tão bem assim, você pode supor que ele não esteja interessado num relacionamento de verdade.

Resumo da ópera: se no momento as coisas estão confusas no seu namoro e você não está bem certa do que quer, pergunte-se se você já esteve verdadeiramente feliz em algum momento. Ele a tratava bem no início? Vocês se divertiam, as coisas eram excitantes? Se você não consegue responder sim para essas perguntas, definitivamente precisa terminar o namoro hoje mesmo. À medida que cada um for descobrindo os defeitos e pontos fracos do outro, vocês vão ter de querer muito o relacionamento para mantê-lo vivo. Vocês tem de estar comprometidos o bastante para continuarem a caminhar, mesmo se não estiverem o tempo todo loucos de satisfação com tudo o que virem. Se desde o início vocês não estavam envolvidos e continuam não estando agora, isso quer dizer que nunca estarão.

Capítulo 4

Conflitos de interesse

Nada realça mais a feiúra nua e crua de um casal do que um belo quebra-pau. Uma vez que vocês tiverem pelo menos duas grandes brigas, você talvez comece a ter algumas reservas. Você se pergunta: "Será que a gente realmente pode se amar se está brigando sobre algo tão trivial quanto o que vai comer no jantar? É possível se recuperar de uma maratona de berros que durou seis horas e acordou o bairro inteiro?"

Ouça bem porque você não está sozinha na sua preocupação – ou nas suas brigas. Casais de todas as partes do mundo estão fazendo as mesmas perguntas e a resposta, surpreendentemente, é: sim, você pode ter um relacionamento normal e feliz até mesmo depois de gritar, berrar, chorar, bater portas e atirar recipientes de comida abertos um no outro. Por quê? As teorias são muitas, mas todas elas se resumem nisto: o verdadeiro problema não está na briga em si. A chave está em *como* as pessoas brigam.

Repetidamente, gente que estuda conflitos (e aqueles dentre nós que já os viveram) prova que a atitude e o comportamento de um casal durante uma briga revelam muito mais do que o confronto em si. Assim, se você acha que as brigas de vocês são uma placa de neon faiscante e que você deve terminar o relacionamento por causa delas, continue a ler. Você descobrirá que até mesmo os casais mais felizes brigam, mas sobrevivem porque brigam de maneira construtiva. Trabalham juntos para resolver os conflitos e fazem o que for necessário para fortalecer a relação.

> É melhor debater uma questão sem resolvê-la do que resolver uma questão sem debatê-la.
>
> JOSEPH JOUBERT

Verdades universais

Acredite ou não, os especialistas têm muitas coisas positivas a dizer sobre as brigas. Eles afirmam que elas são um sinal de que o casal está se comunicando, compartilhando o que sente sobre questões amplas e aparando as arestas do relacionamento. Alguns chegam ao extremo de dizer que casais que brigam e discutem estão enfrentando a coisa de uma maneira mais sadia do que os que ficam entalados com os próprios problemas. É claro que isso não quer dizer que brigar seja divertido, mas com esse princípio do "brigar é saudável" em mente, você pelo menos pode reservar um minuto para se sentir bem sobre o seu relacionamento aberto e comunicativo.

A verdade é que essas brigas construtivas podem aproximar mais você e o seu namorado dando-lhes a oportunidade de atingirem um novo grau de consciência. Mas o que torna uma briga construtiva? O que permite que alguns casais sobrevivam às lutas e fiquem até mesmo mais fortes enquanto outros rompem? Todo casal briga a respeito de coisas diferentes, de maneiras diferentes, pelos motivos mais diversos, mas aqueles que são felizes e que ficam juntos têm algumas coisas em comum:

- Uma forma rotineira de brigar
- Um desejo de fazer as pazes, de perdoar e esquecer
- Interações positivas um com o outro que equilibram as negativas
- A disposição de aceitar que algumas questões entre eles jamais serão resolvidas

Esses são os elementos que vamos explorar neste capítulo.

Briguem educadamente

Algumas pessoas partem do princípio de que a força de um relacionamento pode ser medida observando-se com que frequência um casal briga e qual a intensidade das suas discussões. E essa teoria faz sentido. Gritar e atirar coisas um no outro certamente parecem ser comportamentos bem mais destrutivos do que simplesmente discutir o problema tomando uma boa xícara de café. Mas os especialistas que estudam brigas concluem que não importa com que frequência ou qual a intensidade das suas discussões. Na verdade, casais que discutem constantemente ou que gritam muito alto enquanto brigam podem ser tão felizes quanto um casal mais diplomático (tirando a possibilidade de agressão física ou verbal, que discutiremos mais adiante neste capítulo). O que realmente faz com que um relacionamento sobreviva é a sensação de boa vontade que surge em algum momento da discussão ou imediatamente após a ela.

"Boa vontade" significa que vocês dois se esforçam para reconhecer o ponto de vista da outra parte e dizer algo que o valide. Por exemplo, você se zanga com seu namorado por ele estar sempre atrasado. Logo de cara, ele resiste e berra de volta: "Eu não me atraso, você é que espera que eu chegue cedo demais." Mas, aí, ele pensa um pouco e se dá conta de que está sendo um babaca e diz: "Eu entendo o que você quer dizer, minha gatinha amada. Você tem razão, eu devia ligar quando pego algum engarrafamento no caminho." Está bem, isso soa um pouco piegas e pode parecer, até mesmo, irreal. Quando estamos zangados, a maioria de nós faz comentários que são capazes de qualquer coisa, menos de validar o ponto de vista do outro. Mas se você realmente parar para pensar na sua briga mais recente, é bem possível que se lembre do momento em que se rendeu e começou a escutar o outro. Pode ter levado algumas horas, até mesmo dias, mas, por fim, alguém hasteou a bandeira branca.

CONFLITOS DE INTERESSE

Num relacionamento positivo, uma das partes não se rende primeiro o tempo todo. Cada um dos envolvidos o faz em algum momento. Mas, independente de quem dá início à reconciliação, os dois a acolhem de braços abertos. Vocês estão comprometidos um com o outro e querem que o relacionamento funcione. Pode haver um ou dois momentos durante a discussão em que você pense: "Na verdade, não quero mais que isso funcione; quero mais é que ele suma!" Mas quando a briga chega ao fim, você se dá conta de que jamais gostaria que ele desaparecesse de vez. Se você ou o seu cara fizeram qualquer uma das coisas a seguir, estão brigando na trilha certa. Assim, apertem as mãos um do outro e parabenizem-se por suas excelentes qualidades de embate.

- Disseram coisas do tipo: "Está certo, entendo o que você quer dizer" ou "É verdade. Sinto muito." (E querem dizer exatamente isso! Não vale lançar mão de sarcasmo.)
- Disseram algo de divertido ou bobo para deixar o ambiente mais leve: "Eu sei de você, mas e eu?"
- Fizeram gestos que indicam remorso ou conexão com o parceiro como um abraço, um toque no braço do outro ou até mesmo um divertido beliscãozinho.
- Sorriram um para o outro, deram uma piscadela ou fizeram alguma outra expressão facial que indicou a tentativa de colocar um ponto final na discussão.
- Usaram gestos ou palavras que demonstram um compromisso com o relacionamento, do tipo: "Eu amo você e não quero brigar" ou "O cachorro detesta quando a gente briga."
- Passaram da raiva (berros, batidas de pé etc.) para a tristeza (choro, uma expressão facial arrasada etc.).

> A arte do amor é, em grande parte, a arte da persistência.
>
> ALBERT ELLIS

Um ritmo familiar

A essa altura você já aprendeu que se os dois quiserem que o relacionamento funcione, terão de se acostumar inevitavelmente com a personalidade, as esquisitices e os hábitos do outro. Da mesma forma, terão de se adaptar ao estilo de briga do parceiro. Se ele é do tipo que grita enquanto briga e você não é, ele provavelmente vai matá-la de susto quando tiverem uma discussão. Mas se vocês dois gritam, ou se você simplesmente está acostumada a berros porque era assim que a sua mãe lidava com o estresse, o estilo de briga dele não deverá incomodá-la nem um pouco. Todo casal feliz tem um "ritmo de briga", uma maneira de interagir quando está com raiva e com o qual os dois estão acostumados. Alguns sinais de que vocês dois encontraram o seu ritmo são:

- Ambos têm o pavio curto e ficam uma pilha de nervos quando brigam. Alguém de fora poderia achar esse tipo de comportamento grosseiro demais, mas como vocês dois o usam, não incomoda a nenhum dos dois.
- Nenhum dos dois tolera discussões, então ambos se ignoram mutuamente até alguém dar o braço a torcer e falar. As pessoas vivem lhes dizendo que ignorar o parceiro é contraproducente, mas como vocês gostam da abordagem, funciona.

- Ele se recusa a olhar para você quando grita com ele, mas você já aprendeu que se enfiar a cara bem próxima à dele enquanto lhe diz como se sente, ele acaba sorrindo. Familiarizando-se com o estilo dele, você já aprendeu a dar leveza às discussões.
- Vocês sempre discutem quando estão no carro porque ele é um motorista nervoso. Você basicamente já sabe que ele vai começar a surtar assim que você colocar o cinto de segurança. Como essas brigas já são padrão, você já aprendeu a se preparar para elas: tem sempre mapas à mão e lhe diz quando mudar de pista para que ele não fique tão estressado.
- Você chora sem parar quando os dois discutem. Ele costumava achar que as suas lágrimas eram sinal de que ele era inadequado, mas hoje se dá conta de que são a sua reação natural ao estresse. Ele já aprendeu a tirá-la da sua crise de choro fazendo caretas engraçadas.

Número de malabarismo

Num relacionamento saudável e funcional, o número de interações positivas que um casal tem deve exceder, e muito, as brigas e os momentos de tensão. É a isso que os especialistas se referem quando falam de um relacionamento equilibrado. Assim, se vocês discutem o tempo todo e nunca há nenhum momento de felicidade ou laço de afeto entre vocês, você tem um problema nas mãos. Pense no tempo que passa ao lado do seu carinha. A situação é sempre tensa? Você vive irritada ou zangada? Ele está sempre contrariado com alguma coisa? Vocês acabam discutindo sempre que estão juntos? O mais importante: vocês também têm bons momentos e se sentem emocionalmente conectados? O relacionamento de vocês está desequilibrado se:

OU CASA OU VAZA

- Vocês discutem a cada vez que se veem.
- Mesmo quando não estão discutindo, são cruéis ou distantes um do outro.
- As brigas são extremamente intensas e vocês não são muito carinhosos um com o outro quando fazem as pazes. Brigas intensas precisam ser seguidas de intensos momentos de reconciliação.
- Você nunca sente nenhum grande momento de conexão no qual ambos riem juntos, se abraçam ou se valorizam mutuamente de alguma outra forma.
- Você nota que quando estão com outras pessoas se sentem mais relaxados porque não há conflito.
- Vocês vivem exaustos de tanto discutirem e conversarem sobre os problemas do relacionamento.

Bom senso

Alguns casais discutem de maneira destrutiva. Eles têm a capacidade de transformar a menor divergência numa vendeta para a vida toda. Suas discussões e batalhas acabam pesando sobre o relacionamento e, por fim, as enterram. E não é porque as brigas deles são mais barulhentas ou duram mais do que as de todo mundo. É por causa de como brigam. O Dr. John Gottman, especialista em estabilidade conjugal e previsões de divórcio, identificou quatro sinais de advertência durante uma briga. Ele chama esses sinais de "Os Quatro Cavaleiros do Apocalipse". São eles:

1. **Críticas:** Um ataca a personalidade ou o caráter do outro em vez do incidente ou da questão específica que os incomoda.

Exemplo: Você está zangada com ele por ter contado ao irmão sobre a multa que você levou por excesso de velocidade. Em vez de explicar para ele que você prefere manter essas coisas entre vocês dois, você o chama de fofoqueiro e grita: "Eu não posso confiar em você para nada". Você está zangada então mergulha de cabeça e o faz se sentir como um grande perdedor. Ele então devolve a crítica e a chama de típica mulher ao volante.

2. **Desacato:** Um dos parceiros começa a briga com a intenção de insultar e agredir o companheiro.

Exemplo: Ele quer controlar você, então tenta destruir sua autoconfiança com insultos horrorosos. Você tem a sensação de que ele é uma bola de demolição, derrubando-a no chão a cada vez que libera a raiva.

3. **Na Defensiva:** Um nega as acusações do outro e cria desculpas para o próprio comportamento.

Exemplo: Ele a pede para não fazer troça do emprego dele. Você continua a fazer. Ele a pede mais uma vez para dar um tempo. Você lhe diz que ele é sensível demais e que você tem o direito de caçoar porque ele zomba de você o tempo todo.

4. **Fuga:** Uma ou as duas partes param de reagir, tornam-se silenciosas e começam a ignorar a outra. A comunicação cessa completamente.

Exemplo: Quando vocês estão brigando, ele aumenta o volume da TV e recusa-se a responder. Pelo resto da noite, ele age como se você não estivesse presente. Quando vocês finalmente começam a se falar outra vez, ele finge que a discussão nunca aconteceu. Quando você tenta trazer à tona a questão que a está incomodando, ele começa a ignorá-la outra vez.

OK, depois de ler esta lista você provavelmente está convencida de que o seu relacionamento está fadado ao fracasso e que você nunca mais na vida vai ter um relacionamento saudável. Mas não desista ainda.

Até mesmo nos melhores relacionamentos, quando nossos temperamentos são levados a um limite, algumas vezes não podemos deixar de criticar os nossos namorados com frases como "Você só pensa em si mesmo". E que mulher, em algum momento, não decidiu ser só um pouquinho implicante por pura maldade, gritando coisas como: "Pelo menos eu não carrego um estepe em volta da cintura que nem você." E quem de nós pode afirmar que nunca ficou na defensiva durante uma discussão ou sujeitou o namorado ao tratamento do silêncio absoluto? Assim, se levarmos muito a sério essa lista de maus comportamentos, nos deixando afetar por ela, podemos praticamente aceitar que estamos condenadas a uma vida de solidão porque não sabemos brigar de forma construtiva. Mas é importante ponderar as descobertas científicas com bom senso.

É óbvio que não somos anjos e que vamos fazer coisas uns com os outros que não são nada bacanas quando estamos discutindo. O seu relacionamento não está condenado apenas porque vocês fazem coisas malvadas um com o outro de vez em quando. Mas se esses comportamentos destrutivos formarem o grosso da sua comunicação diária, o seu relacionamento não poderá sobreviver e, muito francamente, por que você haveria de querer isso?

CONFLITOS DE INTERESSE

Cada um com seu cada um

Cada casal tem a sua maneira única de brigar e de fazer as pazes. O importante é que durante cada briga, vocês façam um esforço de reconciliação e encontrem uma forma de fazer o relacionamento funcionar.

Eis o que mulheres de verdade têm a dizer sobre como origam e por que essas táticas funcionam:

- "Meu marido e eu gritamos tão alto um com o outro que o nosso cachorro corre para se esconder debaixo da mesa. Nós dois crescemos em lares italianos, com irmãos e pais muito expressivos, então estamos acostumados com um nível de energia muito alto. Outras pessoas podem achar que somos loucos, mas nós não vemos as nossas brigas como um problema." – Maria, 44 anos.
- "Meu ex e eu quase nunca brigávamos, mas tivemos uma discussão enorme depois que descobri que ele me traía. Essa briga acabou com o nosso relacionamento. Hoje em dia, brigo com meu marido o tempo todo a respeito de um monte de coisinhas e a gente até mesmo tem umas discussões feias, mas, no fim das contas, sabemos o quanto um gosta do outro e que nunca faríamos nada para pôr em risco o que temos." – Andrea, 36 anos.

OU CASA OU VAZA

- "Admito que às vezes sou completamente descompensada. Já atirei sapatos, comida e até mesmo copos cheios de refrigerante em cima do meu namorado durante discussões. Já o mordi e o xinguei de nomes horríveis que não poderia repetir aqui. Mas nós sempre sobrevivemos às nossas discussões. Às vezes, armo o maior dramalhão mexicano, e ele começa a aplaudir e gritar: 'Bravo!' e nós dois começamos a rir." – Jenna, 33 anos.

- "Minha mãe vivia implicando com meu pai por causa de alguma coisa e ele abanava a mão como se estivesse tentando matar um inseto. Eles então começavam a berrar xingamentos um para o outro. Mas, uma vez que terminavam, agiam como se nada tivesse acontecido. Os dois simplesmente esqueciam as brigas e seguiam em frente. E tiveram um casamento feliz durante cinquenta anos." – Anne, 46 anos.

- "Ele adora me torturar com o silêncio. Se o deixo zangado, ele me larga em casa e volta horas mais tarde. Então, diz: 'Já melhorou do seu acesso de fúria?' e nós dois rimos e conversamos a respeito." – Brooke, 26 anos.

- "Kevin costumava se zangar comigo por trazer uma centena de problemas à tona ao mesmo tempo. Ele dizia: 'Você guarda uma lista mental de tudo aquilo que eu faço de errado e depois atira tudo em cima de mim! Eu disse a ele que se não gosta disso, posso comprar um walkie-talkie para ele ir ouvindo as minhas reclamações à medida que forem surgindo. Ele não reclama da minha lista desde então." – Heather, 34 anos.

O X da questão

Uma vez que você tiver dado uma boa analisada em *como* vocês brigam, pare para pensar em *por que* vocês brigam. Pesquisas revelam que casais brigam devido às mesmas questões durante anos e anos e, na maioria das vezes, jamais chegam a um acordo. Assim, se vocês estão discutindo sobre dinheiro hoje, daqui a vinte anos você e o seu cara provavelmente ainda estarão discutindo sobre dinheiro. Encorajador, não é mesmo? Mas é muito normal, até mesmo para casais felizes, discutirem sobre as mesmas questões repetidamente, sem jamais chegarem a alguma resolução. Assim, pergunte a si mesma: se suas principais questões com seu cara nunca ficarem resolvidas – pelo resto das suas vidas –, você vai ficar bem com isso? Antes de responder a essa pergunta, assegure-se de que você sabe quais são realmente as principais questões de vocês.

> Nunca aprendi coisa alguma com qualquer homem que concordasse comigo.
>
> **DUDLEY FIELD MALONE**

Probleminhas típicos

Todo casal tem discussões sobre pequenas coisas – qual canal assistir, quem deixou a luz do banheiro acesa a noite toda ou quem vai levar o cachorro para passear quando está gelado lá

OU CASA OU VAZA

fora. Muitas dessas briguinhas podem se transformar em conflitos enormes se ocorrerem quando uma ou ambas as partes estiverem estressadas, exaustas ou de mau humor. Independente de quem você estiver namorando, sempre terá esse tipo de briga. São problemas inevitáveis com os quais todos os casais lidam, por isso, não questione o seu relacionamento se essas questões bobinhas surgirem continuamente.

Elas incluem coisas como:

Timing ruim

Provavelmente haverá momentos em que ele achará que está sendo engraçadinho e que você achará que ele está sendo imbecil. Por exemplo, você teve um dia difícil no trabalho e realmente precisa desabafar com ele. De brincadeira, ele coloca um pedaço de fita adesiva por cima da sua boca enquanto você tenta falar com ele. Você tem um acesso de raiva e grita com ele porque nunca a ouve e o incidente se transforma numa enorme discussão sobre por que ele tem de ser tão insensível aos seus problemas profissionais.

Críticas nada construtivas

Algumas vezes ele lhe dirá algo que o está incomodando em você e frasear aquilo como "crítica construtiva". Por exemplo, ele poderá lhe dizer que você seria mais bem-sucedida se parasse de fazer tantas perguntas idiotas quando fala com as pessoas. A verdade é que ele simplesmente não gostou do fato de você ter se dado tão bem com o melhor amigo dele e de ter demonstrado interesse pela vida dele. Ficou com ciúmes. Então, acabou encontrando uma coisa em você para implicar. "Perguntas idiotas?" você indaga. "Que diabos isso quer dizer?" O incidente explode e se transforma numa situação na qual ele finalmente revela o que o está incomodando.

Modo de derretimento

Você vem trabalhando até tarde e tem uma apresentação-monstro no dia seguinte que está, desesperadamente, tentando terminar. Ele aparece na sua casa, estaciona a bunda no seu sofá, abre uma cerveja, liga a tevê no jogo e aumenta o volume. Embora você, em geral, não se importe que ele entorne uma cerveja após a outra enquanto assiste ao jogo, nesse seu estado hiperestressado você fica completamente irritada por ele não estar se concentrando em você, lhe fazendo uma massagem ou atendendo num pulo a qualquer capricho seu como uma forma de ajudá-la e tentar acalmá-la um pouco. Afinal de contas, se ele estivesse estressado, você tentaria ajudá-lo. À medida que sua raiva vai transbordando, você decide que, já que está uma pilha, ele também vai ficar! Então, a sua temperatura vai subindo, o seu reator nuclear interno começa a derreter, você entra em *modo de derretimento* e tira aquele sorriso bobo da cara dele com meia dúzia de palavrinhas bem escolhidas e uma porta batida.

Mal-entendidos

Ele lhe diz que não entende por que você precisa de três pares de botas pretas. Pelo tom da voz dele, você acha que a está acusando de ser perdulária. Você pensa em calçar o par com os saltos mais pontudos e altos e chutá-lo na virilha. O incidente se transforma numa discussão acalorada sobre responsabilidade financeira que termina com você virando o pote com dez mil moedas de um centavo que ele vem guardando no assoalho de madeira da casa dele.

Colírios

Ele só falta babar quando vê alguma mulher na rua e passa tempo demais no banheiro com o seu catálogo da Victoria's Secret. Mas se você faz um micro comentário sobre o cara lindo do filme, ele tem uma síncope. Ele a acusa de flertar com outros homens e insiste que você vai deixá-lo por outro. Aí você o lembra de que ele não costuma controlar os olhos. Vocês acabam tendo uma briga horrível que termina com os dois admitindo que se amam e que sentem ciúmes quando a outra parte demonstra interesse por outra pessoa.

Coisas de bofe

Ele lhe diz que está planejando vir à sua casa no sábado à noite, mas liga na metade do dia para lhe dizer que vai sair com uns amigos. Você fica uma fera porque ele vai deixá-la na mão no último minuto. Ele não consegue entender por que você acha que foi no último minuto já que entrou em contato com mais de cinco horas de antecedência. Você bate o telefone, ele liga de volta e o quebra-pau começa.

Preocupações paranóicas

Você está se sentindo insegura porque está com TPM. Ele telefona da casa de um amigo e você ouve uma voz de mulher ao fundo. Quem é ela? Por que está lá? É ela quem está rindo? O que há de tão engraçado? Ele está fazendo caretas pelas suas costas? Quando desligam, você tem certeza de que ele a está traindo. Ele chega à sua casa e você é supergrosseira com ele, com lágrimas escorrendo pelo rosto. Mas ele lhe informa que a garota, na verdade, era a vizinha lésbica do amigo dele.

Questões mais sérias

Embora muitas discussões sejam briguinhas típicas do dia a dia, algumas são mais sérias. As sérias podem começar como algo de aparentemente superficial, embora, por baixo da superfície, haja uma questão maior fermentando. A briga sobre quem vai levar o lixo para fora, na verdade, pode ser sobre o fato de você achar que ele não está lhe dando o devido valor. Aquela rusga sobre o que fazer no sábado à noite talvez seja, na realidade, sobre como ele tem a sensação de que você não se esforça para gostar dos amigos dele. Essas questões maiores fazem você se perguntar se ele realmente é o cara para você. Mas, lembre-se: todo casal possui questões maiores. Encontrar um cara novo não vai fazer todos os problemas desaparecerem – ele apenas lhe trará um novo conjunto de problemas com os quais você terá de aprender a lidar. Nenhum relacionamento jamais será livre de questões. Você terá de decidir com quais pode viver e quais são incontornáveis.

OU CASA OU VAZA

Pense nas brigas de vocês e identifique quaisquer problemas maiores que possam estar por baixo das suas discussões do cotidiano. Se você sentir que há algo a mais rolando do que as questões superficiais, vai precisar tomar algumas providências sérias sobre o seu relacionamento.

NA SUPERFÍCIE: VOCÊS BRIGAM PORQUE ELE BEBE TODO O SEU REFRIGERANTE QUANDO VAI À SUA CASA E NUNCA REABASTECE O ESTOQUE.

A VERDADEIRA QUESTÃO: VOCÊ ACHA QUE ELE É UMA ESPONJA-HUMANA, SUGANDO CADA CENTAVO QUE PUDER DE VOCÊ.

NA SUPERFÍCIE: VOCÊS BRIGAM PORQUE ELE ESTÁ SE MUDANDO PARA OUTRO BAIRRO MAIS LONGE E VOCÊ NÃO QUER TER DE DIRIGIR ATÉ LÁ.

A VERDADEIRA QUESTÃO: ELE É VAGO SOBRE AONDE O RELACIONAMENTO ESTÁ INDO E A MUDANÇA SÓ A FAZ DUVIDAR AINDA MAIS DO COMPROMISSO DELE PARA COM VOCÊ.

NA SUPERFÍCIE: VOCÊS BRIGAM PORQUE VOCÊ PEDIU QUE ELE NÃO FUMASSE NO SEU APARTAMENTO, MAS ELE FUMOU MESMO ASSIM ENQUANTO VOCÊ FAZIA COMPRAS.

A VERDADEIRA QUESTÃO: ELE NÃO TEM RESPEITADO AS SUAS NECESSIDADES E DESEJOS E ISSO REALMENTE A INCOMODA.

NA SUPERFÍCIE: VOCÊS COMEÇAM A BRIGAR PORQUE ELE FALA COM OS AMIGOS NO TELEFONE E DEPOIS OS ENCONTRA SEM A MENOR CONSIDERAÇÃO PARA COM OS SEUS PLANOS.

A VERDADEIRA QUESTÃO: ELE NÃO TEM PASSADO TEMPO SUFICIENTE COM VOCÊ E VOCÊ TEM A SENSAÇÃO DE QUE ELE SIMPLESMENTE NÃO LHE DÁ A DEVIDA ATENÇÃO.

NA SUPERFÍCIE: VOCÊS BRIGAM PORQUE ELE COMENTA QUE UMA MULHER DA TEVÊ É GOSTOSA.

A VERDADEIRA QUESTÃO: ELE NÃO A FAZ SE SENTIR BEM SOBRE SI MESMA E A COM-PARA A OUTRAS MULHERES.

NA SUPERFÍCIE: VOCÊS BRIGAM PORQUE ELE QUER QUE O AR-CONDICIONADO FIQUE NO MÁXIMO E VOCÊ ESTÁ MORTA DE FRIO.

A VERDADEIRA QUESTÃO: VOCÊ O ACHA EGOÍSTA PELO FATO DE TUDO TER DE SER SEM-PRE DO JEITO DELE.

Lembre-se: muitas vezes as grandes questões não precisam ser resolvidas. Na realidade, os especialistas observaram determinados casais durante décadas e descobriram que muito embora eles sejam felizes, ainda discutem sobre as mesmas coisas. Leve essa descoberta a sério. Repita esta frase em voz alta: "É possível que eu acabe brigando com ele sobre as mesmas coisas pelo resto da vida." Você consegue viver com essa realidade? É preciso decidir – você o ama mesmo assim e ainda quer fazer com que o relacionamento funcione, muito embora nenhum dos seus problemas atuais estejam resolvidos? As questões sobre as quais vocês brigam são incontornáveis ou dá para viver com elas? Essa é uma pergunta importante que você precisa responder antes de decidir se quer mantê-lo ou deixá-lo ir.

Baixando o volume

Se você decidir que ambos possuem o que é necessário para o relacionamento ir adiante, apesar das discussões, existem determinadas coisas que você pode fazer para abrandar esses momentos estressantes. Brigas causam um impacto profundo no seu nível energético e na sua paz de espírito. Também consomem tempo que vocês poderiam utilizar para se curtirem e se divertirem. Assim, embora você precise aceitar que brigar é algo normal em todo relacionamento, também precisa conhecer as ferramentas que a ajudarão a diminuir o tempo que vocês passam em conflito.

> A paz não é a ausência do conflito, e sim a presença de alternativas criativas ao conflito – alternativas a reações passivas ou agressivas, alternativas à violência.
>
> DOROTHY THOMPSON

Linhas de batalha

Todo mentor, sacerdote, terapeuta e amigo cheio de boas intenções deste planeta terá dicas de como brigar de maneira mais construtiva. Você pode frequentar seminários, assistir a vídeos e encontrar centenas de livros sobre o assunto. Você ouvirá coisas como "Escolha o lugar e o momento certo para brigar", "Não revire os olhos. Cuidado com a linguagem corporal" e "Evite ataques pessoais". Mas será que essas dicas são realmente práticas para o mundo real? É bem capaz que, quando você estiver no meio de uma briga de verdade, essas sugestões estejam a léguas de distância da sua mente. Como seria simples a vida se realmente pudéssemos escolher o momento e o local onde brigarmos (em vez de gritarmos uns com os outros numa esquina ao meio-dia) e evitar ataques pessoais (em vez de atingir cada um dos pontos fracos e levá-lo à loucura).

Outra solução-chavão preferida é: "Jamais vá se deitar com raiva". Na teoria, seria muito bacana se pudéssemos resolver as nossas desavenças e, ainda assim, conseguir dormir oito horas. Mas o que acontece se vocês não conseguirem resolver o problema antes da hora de dormir? A ideia é que vocês fiquem acordados, discutindo até às seis da manhã e depois irem para o trabalho uma hora depois? Apesar desse lugar-comum, às vezes vocês resolverão a briga mais rapidamente se forem dormir enfurecidos e acordarem com uma perspectiva totalmente nova. Se você acha algumas dessas sugestões de "brigas alegres" um pouco ridículas, não está sozinha. A melhor maneira de aprender a brigar de maneira mais construtiva é por tentativa e erro. Pense nos seus conflitos quando você não estiver no meio de um e visualize táticas que funcionam para você. O seu cara costuma ficar mais manso quando você começa a implicar com ele? Ele se abre quando você para para escutar? Pense nas maneiras que vocês dois podem caminhar para uma reconciliação depois de começada uma briga e aplique-as da próxima vez em que o pau começar a quebrar. Ainda está tendo dificuldade em decifrar suas brigas e torná-las construtivas? Eis algumas dicas:

Concentre-se

Você pode tornar suas brigas mais construtivas concentrando-se nas questões que estão diante de vocês dois e não em tudo mais que a incomoda a respeito dele (como os roncos dele ou as meias imundas). Tente entender o que seu namorado

OU CASA OU VAZA

quer – será que ele só quer ser deixado em paz? Ele quer ouvi-la dizer que o ama? Ele quer sentir que você o aprecia? E, finalmente, concentre-se no fato de que você ama essa pessoa e quer fazer o relacionamento funcionar. Você não está muito concentrada se:

- Não consegue parar de pensar: "Eu adoraria dar um tapa nele neste instante" enquanto ele lhe diz alguma coisa.
- Não consegue ouvir nem uma única palavra do que ele está dizendo porque berra mais alto do que ele a cada vez que ele tenta falar.
- Fica cada vez mais zangada porque não para de pensar em como ele talvez cometa a mesma ofensa no futuro.
- Não consegue resistir ao impulso de trazer à tona todas as coisas irritantes que ele fez no mês passado, muito embora sejam irrelevantes.
- Não consegue resistir ao impulso de fazer troça da maneira como ele se veste e lhe diz o quanto suas piadas são idiotas só para deixá-lo inseguro.

Conecte-se

Duas pessoas se conectam quando enviam sinais positivos uma para a outra e comunicam, de maneira sutil, que estão no mesmo time. Até mesmo quando vocês estão discutindo, você precisa tentar se conectar com ele e ele deve tentar se conectar com você de alguma maneira. Vocês talvez não compreendam, realmente, o ponto de vista do outro, mas você pode, ainda assim, fazer um esforço para estabelecer uma ligação positiva com ele durante uma discussão. Algumas maneiras de fazer contato são:

CONFLITOS DE INTERESSE

- Dê um beliscão nele para fazê-lo rir.
- Diga algo de absurdo como: "Sem querer ofendê-lo, você me lembra o Elton John."
- Desenhe ondas no braço dele com caneta hidrográfica.
- Tente repetir para ele as acusações que ele está fazendo: "Vejo, então, que você acha que eu sou uma gorducha mal-humorada". Ele ficará satisfeito de constatar que você está prestando atenção e talvez até ria do quanto as próprias palavras soam ridículas.
- Finja que está telefonando para alguém que ele detesta e repita todas as coisas que ele diz a respeito dessa pessoa. Quando ele tiver um chilique, grite "brincadeirinha!" e afaste-se dando estrelas.
- Finja que está ligando para a sua mãe e faça a mesma coisa.

OU CASA OU VAZA

Provocando reações

Nenhuma pessoa normal gosta de brigar com quem ama. Mas, ainda assim, o fazemos e às vezes passamos dos limites, provocando reações no outro por pura maldade. Esse tipo de atitude não é ideal, mas é normal. Eis o que mulheres de verdade têm a dizer sobre os seus momentos mais feios durante as brigas:

- "De vez em quando, escolho o ponto mais fraco dele – o salário. Ele acha que não ganha o bastante. Na verdade, não ligo para o quanto ele ganha, mas de vez em quando finjo que sim só para incomodá-lo. Sempre me sinto mal por fazê-lo se sentir péssimo." – Samantha, 27 anos.
- "Eu gosto de bater as coisas. Bato portas, faço a maior barulheira. Já cheguei até mesmo a estragar coisas dele, como uma camisa que só podia ser lavada a seco. Coloquei-a no boxe do chuveiro e abri a torneira. Não sinto o menor orgulho de quando faço esse tipo de coisa, mas às vezes quando a gente está zangada, não consegue se controlar." – Kristin, 34 anos.
- "Uma vez, quando estávamos discutindo, peguei o baldinho do congelador e virei na cabeça do meu namorado enquanto ele assistia à tevê. Eu realmente me arrependo disso porque, agora, pelo menos uma vez por mês, ele sempre despeja gelo

em mim quando estou no banho. Acho que ele nunca mais vai me deixar esquecer disso." – Cindy, 31 anos.

- "Meu namorado rala muito para ficar em forma, então é muito sensível com relação ao próprio corpo. Certa vez, quando estávamos brigando, gritei: 'Eu não quero mais namorar um gordo'. Aquilo foi tão mau. Levei semanas para convencê-lo de que só fiz aquilo para deixá-lo com raiva." – Lori, 26 anos.

Falando sério, qualquer coisa que você puder fazer para se comunicar e se conectar com ele os unirá e ajudará a colocar abaixo as barreiras que vocês vão construindo durante a discussão. É claro que ele precisa estar tentando fazer a mesma coisa, mas você talvez tenha de ser a parte a ensinar através do exemplo.

Deixando para lá

Lembre-se de que grande parte de se dar bem com alguém é relaxar quando algo está nos incomodando e lidar com a questão de forma madura em vez de permitir que fique mais séria até se transformar em briga. Se você cresceu no meio de irmãos, provavelmente já dominou essa habilidade. Quando tinha uma briga com um irmão ou irmã, em vez de ficar com raiva, colocava fones de ouvido e aumentava a música. Isso é muito maduro, não é mesmo? Está certo, talvez essa não seja a melhor forma de administrar as coisas, mas depois de um tempo, você aprende que alimentar uma briga nem sempre é a melhor forma de lidar com uma situação.

OU CASA OU VAZA

O mesmo vale para relacionamentos entre homens e mulheres. De vez em quando você simplesmente tem de deixar as bobagens dele para lá. Embora você jamais deva ignorar comportamentos destrutivos ou violentos, existe um monte de coisinhas que ele fará e que você pode escolher relevar. Você pode, simplesmente, aceitar algumas das coisas das quais não gosta e evitar discutir. Algumas dessas coisas talvez incluam:

- Ele deixa os pratos acumularem durante duas semanas antes de colocá-los na máquina de lavar louças. Não dá para esperar que ele faça absolutamente tudo como você faria.
- Ele se recusa a dançar quando vai a casamentos. Existem algumas coisas que homens simplesmente se sentem idiotas fazendo, e dançar é uma delas.
- Ele oferece sugestões e soluções quando você apenas quer desabafar a respeito de um problema. Todo homem faz isso. Ensiná-lo outra realidade provavelmente exigiria que você reinstalasse a fiação do cérebro dele.
- Ele diz coisas constrangedoras em público. A não ser que ele conte uma piada que levará um amigo a passar vinte anos fazendo análise, não é grave.

De forma a manter a saúde do seu relacionamento, vocês dois precisam aprender a deixar para lá algumas dessas coisinhas que os irritam. Caso contrário, passarão a maior parte do tempo discutindo a respeito de questões que não têm muita importância. Não fique esperando perfeição absoluta do seu parceiro. Finque o pé apenas com relação às coisas que realmente forem importantes para você e, no resto do tempo, coloque os fones de ouvido e aumente o volume.

> O conflito não consegue sobreviver sem sua participação.
>
> WAYNE DYER

Alertas vermelhos

Um capítulo sobre conflitos não está completo sem mencionarmos alguns alertas vermelhos. Alertas vermelhos são aquelas questões, comportamentos e atitudes que são absolutamente não-negociáveis. São aqueles problemas que você *jamais* deve deixar para lá, sob *quaisquer* circunstâncias – tais como violência física ou verbal e hábitos e vícios insidiosos. Se você os ignorar, esses alertas vermelhos irão, sem dúvida alguma, destruir seu relacionamento e, possivelmente, sua vida. A única coisa a fazer quando eles existem é sair do relacionamento o mais rápido possível. Infelizmente, muitas mulheres nessas situações têm dificuldades em pular fora porque encontram-se emocional e financeiramente ligadas ao cara. Muitas vezes, é preciso o auxílio de um profissional capacitado para ajudá-la a abandonar esse relacionamento.

O tópico de violência é longo o bastante para preencher volumes e volumes, então não vamos exaurir todas as questões correlatas aqui. Simplesmente mencionaremos alguns dos principais alertas vermelhos e os sintomas de um relacionamento violento. Se você precisar de maiores informações, ligue 180 – Central de Atendimento à Mulher. Você pode ligar de qualquer lugar do Brasil. A ligação é gratuita. Para conse-

OU CASA OU VAZA

guir ajuda e descobrir maiores informações sobre organizações existentes na sua região, visite o Portal da Violência Contra a Mulher (www.violenciamulher.org.br).

Alerta vermelho nº 1: agressão física

A violência física costuma começar pequena: insultos aqui e ali, um empurrãozinho ou, talvez, até mesmo um tapa na cara. Então, vai crescendo com o tempo até se transformar em uma situação bem mais perigosa. Algumas vezes, de início, o agressor não parece ser perigoso. Aparenta ser encantador, bonito, interessante. Mas, pouco a pouco, vai revelando um lado raivoso e controlador. Não é raro pedir perdão após o incidente de violência, de forma que muitas mulheres sentem-se tentadas a perdoá-lo, até mesmo nas situações mais horrendas. Os especialistas chamam isso de ciclo de agressão, nos quais a vítima é agredida, perdoa o agressor e, depois, ele repete o ato de violência. A vítima não quer abrir mão do sonho de um relacionamento feliz e normal, então continua a acreditar que o parceiro irá mudar. Se o seu cara se comporta assim, nada do que você fizer o fará mudar. Você está num relacionamento fisicamente violento se:

- Alguma vez, mesmo que em uma única ocasião, ele já a chutou, a empurrou contra uma parede ou a ameaçou de alguma maneira.
- Ele infligiu qualquer tipo de ferimento em você, incluindo pisões, ou a jogou no chão.
- Ele ameaçou matar você ou alguém que você ama. Leve essas ameaças a sério. Muitas mulheres não as consideram e perdem a oportunidade de se protegerem e a seus entes queridos.

CONFLITOS DE INTERESSE

- Você tem a sensação de estar em perigo quando está com ele.
- Ele pega as suas coisas e as destrói porque quer controlá-la. Talvez destrua roupas legais dizendo que são coisa de vagabunda. Pode até destruir fotos que você tem de outros homens com quem saiu ou de amigos.

Algumas vezes, homens que são violentos em relacionamentos agem com grande doçura em suas interações com quem está de fora. Assim, não se fie no que os outros acham do seu relacionamento para tomar uma decisão. Só porque a sua mãe diz: "Ele é tão doce" ou a sua irmã comenta: "Oh, eu simplesmente o adoro. Ele é uma gracinha" não quer dizer que você esteja errada por achá-lo agressivo. Preste atenção em seus próprios instintos e confie nos seus próprios critérios quando o assunto for os homens com quem você sai. Se você suspeitar que uma amiga está vivendo um relacionamento violento, é possível ouvi-la dar desculpas como as seguintes:

- Ele só bate em mim quando está bêbado, mas é um amorzinho quando está sóbrio.
- Ele sempre pede desculpas, por isso não fico preocupada.
- Não é tão ruim assim, ele só me dá uns empurrões de vez em quando.
- Quando ele tem um dia difícil no trabalho, não consegue se controlar.
- Contanto que ninguém mais saiba, não tem problema.
- Sei que vai parar quando a gente se casar.
- A culpa é minha. Eu é que fico provocando e sei como ser bem asquerosa.

133

OU CASA OU VAZA

> Todos os dias as pessoas aceitam muito menos do que merecem. Só estão vivendo parcialmente ou, na melhor das hipóteses, vivendo uma vida pela metade.
>
> BO BENNETT

Alerta vermelho nº 2: agressão verbal

Muita gente não se dá conta de que as palavras podem cometer danos tão sérios quanto a agressão física. A agressão verbal pode causar impactos sobre a sua felicidade, saúde e autoestima. Com frequência, à medida que o relacionamento se desenvolve, as ofensas vão aumentando progressivamente até atingirem a violência física. Há diversos tipos de agressão verbal, mas todas a farão se sentir insegura, mal-amada e controlada. Você está sendo agredida verbalmente se:

- Ele a insulta e a ridiculariza; a faz se sentir como se nada do que faz é certo.
- Você está sempre pisando em ovos quando ele está por perto porque ele perde o controle com muita facilidade.
- Ele tenta controlá-la mantendo-a longe dos amigos e da família, dizendo-lhe o que vestir e como cortar os cabelos.
- Ele tenta controlá-la com dinheiro, gastando o seu ou usando o dele para manipulá-la.
- Ele renega sua realidade. Quando você o confronta com as coisas que a estão incomodando, sempre afirma não fazer a menor ideia do que você está falando.

- Ele faz exigências constantes. Você sempre acha que se satisfizer as necessidades dele, ele a amará mais, mas ele sempre aparece com novos pedidos.
- Ele não lhe demonstra nenhum amor ou afeição.
- Ele tem mudanças de humor imprevisíveis, variando de muito bonzinho a cretino e mau.
- Você nunca tem a sensação de conseguir "se conectar" com ele. Ele simplesmente não parece compreender como o comportamento dele a está afetando ou por que é errado.

Essa lista não é completa, mas contém vários dos sinais mais óbvios de agressão verbal. Para descobrir mais sobre esse tipo de ofensa, você pode ler *The Verbally Abusive Relationship,* de Patricia Evans. Lembre-se de que a violência verbal é tão perigosa quanto a física, embora, às vezes, mais difícil de ser reconhecida. Um relacionamento não pode sobreviver quando esse tipo de agressão existe.

Alerta vermelho nº 3: outras formas de agressão e vícios

Outros tipos de agressão menos óbvios incluem vícios e hábitos que destroem um relacionamento. Se seu namorado escolher um tipo específico de estilo de vida que for nocivo à sua saúde e felicidade, isso é agressão. Você não deve ter de viver com as consequências das escolhas ruins que ele fez. Não deve ter de aguentar os hábitos dele e sofrer por causa deles. Se qualquer uma destas questões estiver presente no seu relacionamento, elas, também, são motivo para terminar tudo. Elas incluem:

OU CASA OU VAZA

- Um vício em drogas legais ou ilegais.
- Uma doença mental para a qual ele se recusa a buscar ajuda.
- Alcoolismo.
- Ter cometido crime ou cumprido pena por um comportamento que nunca poderá cair no esquecimento, como estupro ou lesão corporal.
- Um vício em apostas ou excesso de gastos.
- Um fetiche por pornografia infantil.
- Um vício em sexo ou estranhos jogos sexuais.

Algumas vezes, homens desenvolvem um problema depois que já estamos com eles há anos. Muitas mulheres querem intervir e ajudar o cara porque já investiram muito tempo e energia no relacionamento. Mas, a maioria desses problemas requer intervenção profissional e, até mesmo nesses casos, algumas vezes, a pessoa simplesmente não consegue mudar. Quanto mais tempo você passar num relacionamento onde há agressão, mais difícil será sair dele. Não é possível ter um relacionamento significativo e duradouro com alguém que a agride. A única resposta correta é se desligar da situação e seguir com a sua vida.

> Ninguém que seja seu amigo lhe exige silêncio ou lhe nega o direito de crescer.
>
> ALICE WALKER

Para que um relacionamento funcione, as brigas que ocorrem precisam ser construtivas. Elas são uma chance para as duas pessoas externarem suas queixas e desenvolverem uma melhor compreensão uma da outra. Casais têm as suas formas

CONFLITOS DE INTERESSE

únicas de brigar e os seus próprios níveis de tolerância para com determinados tipos de comportamento. Mas, independente dessas diferenças, a agressão jamais está presente num relacionamento forte e bem-sucedido. Depois de brigarem e fazerem as pazes, vocês precisam ter a sensação de que ficaram ainda mais unidos, e não que se afastaram. Precisam sentir boa vontade e não negatividade. Assim, preste atenção para as brigas que você e o seu namorado têm, faça as perguntas corretas e use as respostas para ajudá-la a decidir se vale ou não a pena lutar pelo relacionamento.

Capítulo 5

Só nós dois

Chega um momento em todo relacionamento em que uma mudança gradual ocorre na maneira na qual duas pessoas se relacionam e na qual são vistas pelo mundo externo. Elas não estão mais saindo informalmente. Formam um casal de verdade. Tornam-se uma unidade que vai a festas juntas, a supermercados, passa aconchegantes noites de sexta-feira desfrutando da companhia uma da outra e compartilha até mesmo as comemorações de final de ano.

Você talvez note que outras pessoas começam a tratá-los como um casal antes mesmo de vocês começarem a se sentir como tal. Talvez a senhora

OU CASA OU VAZA

da alfândega do aeroporto pressuponha que vocês sejam casados. Ou, então, sua mãe envie um vale para que vocês dois tirem fotos juntos no shopping. Quando essas pequenas coisas começam a acontecer, é impossível não achar que você está penetrando um território desconhecido. Ele já não é um cara com quem você sai de vez em quando. Ele é o seu *namorado* e vocês formam um *casal* perante amigos, família e quem mais estiver de fora. Vocês têm um status oficial e dar-se conta disso pode ser um pouquinho assustador.

É normal passar por um período de questionamento quando você sente esse "status de casal" ter efeito. Você talvez se pergunte: "É isso que eu quero? Até que ponto isso vai mudar a minha vida? Nós realmente pertencemos um ao outro? Formamos um bom casal?" Para o seu relacionamento ser bem-sucedido a longo prazo, você precisa ser capaz de responder a essas perguntas, abraçar o status de casal e acolher tanto a agitação quanto a responsabilidade que o acompanham.

Transformando-se em uma dupla

Transformar-se numa dupla pode ser divertido. Você está na maior animação por vocês fazerem "coisas de casal", como caminhar juntos por um parque ou fazer compras em lojas de utilidades para o lar. Você terá uma foto de vocês dois exibida com proeminência sobre a sua mesa no trabalho e talvez, até mesmo, envie cartões de Natal assinados pelos dois. Encontros rígidos, planejados e formais se tornam de um passado distante e vocês passam o tempo juntos, sem grande cerimônia, e até mesmo fazendo pequenas tarefas juntos. Ele se transforma no seu companheiro do dia a dia.

Dê um passo para trás e pense em todas as maneiras nas quais vocês hoje são um casal. Esse novo rótulo a deixa feliz ou um pouco desconfortável? De uma maneira geral, você está abraçando a ideia ou tem vontade de pedir aos amigos que parem de lhes dar presentes do tipo "dele e dela" e o deixem de fora? Fique atenta aos seus sentimentos com relação a essas mudanças. Eles a ajudarão a determinar se você está ou não feliz de fato com ele ao seu lado.

Sinais de mudança

Quando vocês se transformam num casal, começam a confiar um no outro como amigos e a agir de maneira que indica que estão comprometidos um com o outro. De início, os sinais de compromisso serão pequenos. Vocês podem fazer um cadastro na Blockbuster juntos ou criar espaço para o outro nos respectivos guarda-roupas. Mas, ao fazê-lo, estão indicando que querem fazer parte mais integrante da vida do outro. Pense nas coisas que vocês fizeram para encorajar as mudanças que os levaram ao status de casal. Se você não conseguir pensar em muitas, talvez seja sinal de que você ou ele vem resistindo a essa mudança e, então, precisa se perguntar por que isso está acontecendo. Sinais da mudança para o status de casal incluem:

- Mergulhar na "cultura dos casais", dando jantares com outros amigos que estejam namorando ou que sejam casados e passando as férias em destinos românticos.
- Compartilhando o seu lado menos romântico e os objetos que o acompanham como giletes, pasta de dente, toalhas e, até mesmo a escova de dentes (eca!).

OU CASA OU VAZA

- Virando dependentes do cartão de crédito um do outro e passando os finais de semanas comprando utensílios para o lar.
- Serem donos de um único animal de estimação, de um aparelho eletrônico ou de qualquer outra coisa que seja importante para os dois.
- Denominaram-se "mãe e pai" do gato ou cachorro que vocês compartilham.
- Comparecerem à Festa do Tomate, ao Festival do Morango, a feiras de arte ao ar livre e ao bazar da igreja polonesa exatamente como se fossem um casal de velhinhos casados há trinta anos.
- Responder aos e-mails ou recados deixados por amigos na secretária eletrônica em nome do outro.
- Bater papo com os irmãos ou pais do outro.
- Colocar o outro como contato no caso de emergências.
- Ligar um para o outro do trabalho, quando estiverem viajando ou durante o período de férias, caso não as estejam passando juntos.
- Lavar as roupas do outro, fazer o jantar e, de uma maneira geral, "brincar de casinha".

Se essas coisinhas não estiverem acontecendo, ou se estiverem, mas a fizerem se sentir terrivelmente desconfortável, ele não é o cara certo para você ou, então, você ainda não está pronta para se comprometer com ele. Essas mudanças são parte natural da evolução de qualquer relacionamento. Se não estiverem presentes, é sinal de que você não está se aproximando dele e o acolhendo no seu mundo cotidiano.

O resto do mundo

Durante algum tempo, você talvez se sinta incomodada se não se dirigirem a vocês como uma unidade e talvez se choque quando o fizerem. É normal ficar um pouco confusa quando você começar a deixar para trás algumas das coisas que adora a respeito da condição de solteira e abraçar essa nova fase do seu relacionamento. De pouquinho em pouquinho, no entanto, você deverá se acostumar com essas mudanças. É preciso que você seja capaz de aceitá-lo como uma extensão de si mesma; como a sua outra metade. Você deve se sentir feliz em tê-lo ao seu lado e curtir ser reconhecida como namorada dele. E ele deve se sentir da mesma forma. Você deve ficar contente quando:

- Convites de casamento não vierem mais endereçados a você e "convidado" e passarem a vir também com o nome dele.
- Seus pais enviarem um presente de aniversário para ele e telefonarem para saber como ele anda, embora você não esteja em casa.
- Amigos casados disserem coisas como "Quando vocês dois se casarem..." ou "Algum dia, quando vocês tiverem filhos..."
- Velhos amigos do ensino médio disserem coisas como: "Eu nunca achei que você fosse acabar com um yuppie como o [insira o nome do seu namorado]" ou "Que bacana que depois de tantos anos e tantos namorados, você finalmente tenha encontrado *o cara.*"
- As pessoas partirem do princípio de que você concorda com as opiniões dele e que compartilha dos mesmos interesses. Ele é de esquerda, então acham que você também é ou, então, como ele gosta da vida ao ar livre, acham que ambos gostam de caminhadas.
- Amigos sempre convidarem vocês para eventos. Você já não precisa perguntar se pode levá-lo.
- Os amigos dele a chamarem de "A Patroa" e de outros termos que designam "esposa".

OU CASA OU VAZA

- No Natal, você deixar de ganhar tantos presentes individuais e ganhar um utensílio de cozinha endereçado a ambos.
- A irmã dele lhe pedir para ser uma das testemunhas do casamento dela e lhe perguntar que tipo de vestido você pretende escolher para as suas damas de honra.

Se você não consegue se acostumar com a ideia de vocês serem identificados como um casal pelo mundo exterior, ou ele não é o cara certo para você ou, então, você talvez tenha dificuldade em aceitar a ideia do compromisso (o que será discutido no Capítulo 9). Qualquer que seja o caso, você ainda não está preparada para oferecer a esse cara o seu dedo anular.

Transformando-se numa equipe

Há mais sobre ser um casal do que compartilhar a pasta de dente, DVDs e amigos. Em algum momento, essas pequenas conexões entre vocês florescem e se transformam em coisas mais significativas que mostram que vocês estão comprometidos um com o outro num grau mais significativo. Vocês são um time e isso significa que você se importa com o membro da sua equipe, que o apoia e que quer vê-lo feliz. Ele sente o mesmo em relação a você. Ambos trabalham juntos para enfrentar os desafios da vida e se apoiarem mutuamente da mesma forma que grandes amigos fariam. Você e o seu namorado agem como uma equipe? Em outras palavras, vocês mostram comprometimento um com o outro de pequenas maneiras, todos os dias? Algumas coisas a fazer talvez incluam:

144

> No final, fazer parte de uma equipe significa competir, trabalhar, viver, ganhar e perder juntos.
>
> STEVE KERR

Colocar o outro em primeiro lugar

Agora, você irá notar que, por vezes, vocês vêm colocando o outro em primeiro lugar, acima das próprias necessidades e das necessidades de amigos e familiares. Por exemplo, talvez você saísse à noite até mesmo quando ele estava doente, mas hoje sente que tem de ficar em casa para cuidar dele. Ele faz o mesmo quando você está resfriada. É claro que nenhum dos dois é um santo altruísta, mas, de maneira geral, um cuida do outro. Vocês estão dispostos a sacrificar as próprias necessidades para fazer o outro feliz. Você faz coisas como:

- Usar dias de férias para ajudá-lo a se mudar para um novo apartamento.
- Deixa que ele coma o último provolone à milanesa do prato.
- Remarca compromissos que caem no dia do aniversário dele.
- Quando está no supermercado, compra coisas das quais acha que ele gosta.
- Se dá ao trabalho de telefonar para ele quando fica na rua até tarde com as amigas para que não fique preocupado.
- Dá um toque especial à festa que ele sempre realiza no dia da final do campeonato de futebol, muito embora não adore todos os caras que ele convidou.

OU CASA OU VAZA

- Embrulha o presente dele com aquele papel caro que vem guardando para uma ocasião especial.
- Deixa-o tocar o CD favorito dele no carro.
- Puxa uma farpa do pé dele com pinça, embora isso seja absurdamente nojento.

Nenhum relacionamento é uma estrada de mão-única. Ele também faz sacrifícios por você. Ambos se antecipam às necessidades do outro e curtem fazer o outro feliz. Dão valor um ao outro e ao relacionamento a ponto de investirem tempo e energia extras nele.

> Para mim, o grau de dificuldade de se juntar duas vidas encontra-se entre designar uma nova rota para um furacão e achar uma vaga para estacionar no centro de Manhattan.
>
> **CLAIRE CLONINGER**

Apoiando-se mutuamente

Você também irá notar que ambos vêm se apoiando mutuamente, no dia a dia. Se você estiver perseguindo um determinado objetivo, ele a apoia e lhe manda pequenos artigos para ajudá-la a chegar lá. Se ele estiver tentando guardar dinheiro para comprar um carro novo, você o encoraja e se interessa pelos progressos. Você se dá conta de que estar na mesma equipe significa apoiarem-se e defenderem-se mutuamente para ganharem. Assim, você faz coisas como:

SÓ NÓS DOIS

- Tentar fazê-lo sentir-se melhor depois que perde uma partida de futebol importante.
- Defendê-lo quando a sua irmã diz que ele é um fanfarrão.
- Oferecer críticas construtivas para ajudá-lo a melhorar as habilidades culinárias.
- Compartilhar com ele seus segredos a respeito da bolsa de valores ou da boa forma física.
- Dar "vivas" quando ele consegue uma promoção.
- Esforçar-se para compreender o motivo pelo qual ele não gosta de uma amiga sua.
- Se controlar para não corrigi-lo em público de maneira a não envergonhá-lo.
- Ajudar outras pessoas a compreenderem as decisões ou opiniões de seu namorado quando não concordarem com ele.

E ele faz as mesmas coisas por você. Vocês são leais um com o outro e querem se proteger mutuamente. Assim, um coloca o outro para cima. Vocês sabem que são mais fortes como uma unidade do que separadamente, então trabalham juntos para realizar as tarefas desta vida.

> Um bom conjunto musical é como um time. É preciso ter um bom equilíbrio. Nem sempre é preciso ter os melhores e, sim, a pessoa certa para cada tarefa.
>
> RONNIE HAWKINS

Testando a dupla

Talvez você não consiga enxergar todas as formas que vocês vêm trabalhando como equipe – ou não – até terem de enfrentar determinados desafios juntos. À medida que forem enfrentando os problemas, ou você descobrirá que a sua equipe é invencível ou que precisa desesperadamente encontrar outro parceiro. Pense nos desafios com os quais você e o seu namorado já se depararam. Vocês se empenharam juntos para vencê-los? Você tem a sensação de que saíram fortalecidos? Ou tem certeza de que se alguma vez tiverem de encarar a mesma coisa vocês se separarão? Não é suficiente vocês se amarem e se apoiarem nos dias em que está tudo ótimo. Para que o relacionamento dê certo a longo prazo, é preciso que ambos sobrevivam e até mesmo prosperem diante de desafios muito extenuantes. Seu relacionamento é capaz de sobreviver aos grandes testes da vida?

> Da afinidade compõe-se a amizade; já no amor, existe uma certa animosidade, uma oposição. Cada um aspira ser o outro, e os dois, juntos, formam uma unidade.
>
> SAMUEL TAYLOR COLERIDGE

Desafios de primeiro nível: as pequenas coisas

Os desafios de primeiro nível são as pequenas provações que ocorrem no cotidiano. Por exemplo, seu gato surta e arranha os braços dele ou a tinturaria a seco preferida dele estraga uma blusa caríssima sua. Essas coisas não vão matá-la, mas introduzem um bocado de estresse na sua parceria. Se vocês não aprenderem a lidar com desafios de nível um de maneira eficaz, eles agirão como pequenos alfinetes espetando vocês dois. De início, podem até parecer inofensivos, mas a forma que encontrarem para atacá-los, juntos, será importante, porque eles nunca desaparecerão. O dia a dia certamente jamais será livre de desafios. Demore-se um pouco refletindo sobre os problemas e irritações que vocês enfrentam todos os dias e sobre como lidam com eles quando estão juntos. O seu relacionamento pode sobreviver a esses pequenos estresses?

Questões do lar

Caso 1: Certa noite, você encontra diversas aranhas pretas e imensas no seu banheiro e liga para ele, em pânico. Ele vem à sua casa para ajudá-la a matá-las? Ele a faz rir, deixando uma foto do Homem Aranha colada com fita adesiva no armário do banheiro? Ou diz que está ocupado, mas que espera que você encontre o tipo certo de spray no supermercado?

Caso 2: E que tal quando o carro dele quebra – você se oferece para levá-lo para todos os cantos até ele poder consertá-lo? Ou lhe envia um passe mensal de ônibus, cruza os dedos e torce para ele conseguir chegar ao trabalho?

OU CASA OU VAZA

O desafio: As coisinhas mais frustrantes acontecem pela casa o tempo todo. O ar-condicionado pifa quando faz um calor de quarenta graus. A geladeira para de funcionar na véspera do jantar que você planejou há meses. Vocês se ajudam quando ocorrem esses problemas estressantes? Você precisa sentir que ele está ao seu lado e presente para tornar a vida mais fácil. Você precisa querer estar com ele para ajudar mesmo quando não for conveniente. Esses problemas inesperados do dia a dia testam verdadeiramente se vocês se apoiam ou não e ambos tem de passar com nota 10 se quiserem que o relacionamento vá de vento em popa.

Ao volante

Caso 1: Vocês ainda estão chegando ao fim da viagem de carro de seis horas que só deveria ter durado três. Vocês se alternaram lendo mapas, se perdendo e pedindo ajuda para os frentistas mais sinistros. Pararam pelo menos meia-dúzia de vezes para berrarem um com o outro. Acabam tendo de ficar num lúgubre hotel de beira de estrada porque a comunicação ficou comprometida ou se empenham, juntos, para chegar ao destino? Você o culpa pelo fato de terem se perdido ou se sente mal por ele ter ficado por trás daquele volante aquele tempo todo?

Caso 2: O tráfego está insuportável, o sol está quente e vocês estão presos atrás de uma fileira de trailers que não saem do lugar. Vocês estão atrasados para a festa de aniversário de casamento dos seus pais e é você a encarregada de fazer o discurso de abertura da cerimônia. Vocês começam a berrar um com o outro e se tornam irracionais ou pesquisam novas rotas para conseguirem chegar lá a tempo? Você pira porque ninguém sabe que vocês vão se atrasar ou ele salta e pede ao motorista do carro ao lado se pode pegar o celular emprestado para ligar para sua irmã?

O desafio: Algo sobre estar dentro de um carro desafia um casal como nada mais no mundo. Embora possa haver discussões durante viagens de carro, é bom que vocês encontrem maneiras de torná-las menos estressantes. Quando surgirem surpresas, passe para o "modo solução" e não comecem a gritar um com o outro. Dirigir é um teste importante de como vocês dividem as tarefas e trabalham juntos para resolver um problema. Essa habilidade é essencial e deve ser aprendida se vocês quiserem que o seu relacionamento dure.

Férias

Caso 1: Vocês decidem viajar juntos por uma semana. Você está morrendo de vontade de ficar numa pousadinha no interior da Itália. Ele quer ir para a Costa Rica fazer windsurfe. Quanto tempo vocês levam para concordar com o destino e quantas discussões têm de ter durante o processo? Quando uma das partes vence, vocês combinam de ir para o outro destino no ano seguinte? E quando chegam àquela cabaninha furreca na praia, você sorri ao remover, com destreza, o imenso besouro verde da porta ou grita com ele por enfiá-la numa roubada?

Caso 2: Ele quer passar a semana que tem de férias num chalé nas montanhas com amigos. Você estava com a impressão de que iriam passar algum tempo juntos. Ele encontra uma forma de compensá-la pela opção que fez? Vocês bolam uma forma de passar parte do tempo com os amigos

OU CASA OU VAZA

e parte do tempo juntos, de maneira que ambos fiquem felizes? Ou ele pede que você se acalme e se manda para o meio do mato com os amigos?

O desafio: Vocês devem ser capazes de curtir o tempo livre juntos de maneira que os dois fiquem satisfeitos. Uma das partes não deve sempre ditar como as coisas vão ser. Tudo bem vocês não concordarem, mas devem ser capazes de chegar a um acordo. As férias oferecem uma oportunidade para aprenderem a equilibrar os interesses e preferências pessoais de um com os do outro, uma habilidade que você precisa aprender se quiser que seu relacionamento dure.

Estresse profissional

Caso 1: Você tem um projeto enorme para entregar, um resfriado e fortíssimas cólicas menstruais. Seu computador, subitamente, dá pane e você perde as últimas mudanças que fez no documento. Você chega em casa à noite, solta os cachorros e desconta tudo em cima do seu namorado? Diz a ele que se ele ganhasse mais e se casasse com você, você não teria de continuar a trabalhar nesse emprego idiota? Ou toma um chocolate quente, vai para cama mais cedo e acorda no dia seguinte com uma perspectiva mais otimista das coisas?

Caso 2: O chefe tem estado na cola dele todo santo dia e enchido o coitado de trabalho. Ele tem ficado até tarde no escritório, mesmo chegando todos os dias mais cedo, por isso anda exausto. Ele para de prestar atenção em você sem oferecer explicação alguma? Ou vai para a academia para se livrar do estresse e depois lhe telefona explicando que não tem estado no melhor dos humores por causa do trabalho?

152

O desafio: Embora a maioria de nós dê uma escorregada de vez em quando e desconte o estresse na pessoa que ama, você deve saber reconhecer o que está fazendo ou pelo menos admitir que o fez após o acontecido. Vocês dois precisam aprender a descontar as frustrações da vida de uma maneira saudável e não um no outro. Essa habilidade ajudará a manter o relacionamento forte.

> O amor romântico que sentimos com relação ao sexo oposto é, provavelmente, uma ajudinha a mais de Deus para unir duas pessoas, mas é só. Todo o resto, o amor verdadeiro, é o teste.
>
> JOAN CHEN

Desafios de nível dois: os grandes testes

Você ficou exausta só de ler esses desafios? Pois é, pense só, esses são só os pequenos. Quando os desafios de nível dois mostrarem a cara, coisas ainda mais sérias estarão em jogo: as questões serão maiores e os resultados mais significativos. Será que seu relacionamento consegue sobreviver a desafios de nível dois? Vocês conseguem encontrar uma forma de ficarem juntos apesar da pressão a mais que eles criam? Leia o que vem a seguir e descubra.

Uma grande mudança

Caso 1: Ele vem tentando decidir se aceita um novo emprego do outro lado do país ou outro bem pertinho de casa. Você não quer se mudar porque adora a cidade onde mora. Vocês dois conversam abertamente sobre como se sentem, o que esperam e as reservas que possuem, ou simplesmente se distanciam um do outro? Ele concorda em aceitar o tal emprego e diz algo vago como "Mando um e-mail para você" ou apresenta um plano detalhado de quando e como pretende vê-la?

Caso 2: Vocês estão namorando há anos e o seu contrato de aluguel está prestes a vencer. Você está nutrindo alguma esperança de ir morar com ele. Você se sente cômoda em conversar como ele sobre a situação ou fica dando indiretas e deixa os formulários de renovação do contrato perto da pasta que ele leva para o trabalho?

O desafio: Quando estamos namorando, uma mudança iminente forçará os dois a reavaliarem o relacionamento e a definirem com clareza o que querem dele. Caso vocês não se sintam confortáveis conversando a respeito de uma questão como essa, mais tarde terão problemas para conversar sobre questões mais sérias. Vocês precisam ser capazes de se comunicar abertamente sobre todos os assuntos para que o relacionamento sobreviva.

Estresses familiares

Caso 1: A irmã tem monopolizado o tempo dele ultimamente, enchendo a paciência para ele pintar o apartamento dela e insistindo para que ele compareça a todos os eventos familiares

agendados. Você se sente negligenciada e um pouquinho igno-
rada. Ele compreende como você se sente e se empenha mais
para incluir você? Ou lhe diz que nada é mais importante do
que a família dele e espera que você compreenda?

Caso 2: Seu pai se mostra um pouco cético com relação a ele.
Pega um bocado no pé dele e, de vez em quando, pode até ser
bastante cruel. Você sabe que seu pai só está com ciúmes de
você ter um homem novo na sua vida, mas o seu carinha consegue sacar isso? Você se importa com o seu namorado o bastante para pedir ao seu pai que pegue leve?

O desafio: Muitos relacionamentos chegam ao fim porque
duas pessoas não conseguem se dar bem com a família
uma da outra. Seu relacionamento tem de ser uma prioridade mesmo que vocês sejam próximos das suas famílias.
Isso não quer dizer que a família tenha pouca importância.
Apenas que vocês precisam aprender a ouvir as preocupações do outro e levá-las a sério ao mesmo tempo em que
mantêm um relacionamento com suas respectivas famílias.
Isso pode parecer impossível de conciliar, mas trata-se de
um desafio que todos os casais precisam dominar para
manterem seus relacionamentos vivos.

Problemas de saúde

Caso 1: Quando vocês se conheceram, estavam com a saúde
perfeita. Mas, um dia, você recebe um telefonema dele e ele
está respirando com grande dificuldade. Você vai à casa dele
e ele está expectorando catarro. Ele sempre foi muito atraente, mas agora está um pouco diferente. Mas você o acha
adorável de qualquer forma porque continua pegando no

OU CASA OU VAZA

seu pé entre uma tossida e outra? Ou sente vontade de erguer a mão, enfiá-la na boca dele e conter aquela coriza, com uma rolha se pudesse? (Está certo, talvez ninguém tivesse coragem de ir tão longe!)

Caso 2: Você tem uma bolota no braço desde sempre e não tem nenhuma ideia do porquê. Finalmente, vai à médica e ela lhe diz que você precisa removê-la e mandar fazer biópsia. Ele pesquisa na internet sobre o caso e lhe dá todas as possibilidades inofensivas do que aquilo pode ser ou a deixa se convencer de que pode ser fatal? Ele está ao seu lado quando você vai buscar o resultado do exame ou lhe pede para enviar uma mensagem de texto dizendo como foi?

O desafio: O corpo humano certamente não é glamoroso na maior parte do tempo. Enquanto vocês forem jovens e estiverem namorando, seus problemas serão bem pequenos se comparados com o que enfrentarão à medida que forem envelhecendo. Se não conseguirem se ajudar ao longo das pequenas doenças, sustos e outras questões hoje, acabarão por enfrentar um grande desafio de saúde que não conseguirão superar. A capacidade de lidar com o lado repulsivo e pouco atraente do outro é fundamental para o sucesso do relacionamento a longo prazo.

Dinheiro e gastos

Caso 1: Você adora economizar e ele vive torrando dinheiro com novas bugingangas tecnológicas para o apartamento dele. Você sabe que a grana é dele, mas se preocupa com o fato de ele dar pouca importância ao dinheiro que ganha. Você conversa com ele a respeito ou simplesmente o deixa gastar como louco? Ele é receptivo com relação aos seus conselhos ou se zanga com sua intromissão?

Caso 2: Sua amiga precisa de um empréstimo ou não vai conseguir pagar o último semestre da pós-graduação. Você concordou em tirar cinco mil da poupança para dar a ela. Ele acha que você enlouqueceu e lhe diz que ela nunca mais vai pagá-la. Sugere que você faça um contrato jurídico para se assegurar de que ela a pague de volta. Você escuta as preocupações dele e as leva a sério ou simplesmente segue em frente com o empréstimo?

O desafio: Lidar com dinheiro é uma das maiores questões que os casais têm de enfrentar. Mas, se vocês acabarem juntos, terão de concordar em como gastá-lo e em como investir o que sobrar. Se vocês não conseguirem ter uma discussão aberta sobre finanças e entrar em acordo sobre essas questões enquanto estiverem namorando, não o farão quando o dinheiro for dos dois. Vocês precisam chegar a algum grau de concordância sobre assuntos financeiros para o relacionamento ser bem-sucedido.

Tempo

Caso 1: Você tem andado tão atarefada no trabalho que só tem tempo para vê-lo uma vez por semana. Ele está começando a se sentir abandonado. Você faz uma forcinha extra para encaixá-lo no seu dia ou lhe diz que ele está sendo infantil e fica esperando que o problema passe?

Caso 2: Ultimamente, ele tem passado cada vez mais tempo com os amigos. Quando não está na rua com eles, eles estão na casa dele com vocês dois. Você está começando a sentir que ele

OU CASA OU VAZA

está namorando os amigos e que você segura vela. Você expressa a necessidade de passar mais tempo sozinha com ele ou engole o sapo e começa a sair com suas amigas com mais frequência? Ele faz coisas especiais para lhe lembrar de que ainda a ama mais do que ama os amigos ou apenas a deixa de lado e a trata como um fato consumado?

O desafio: Você sabe exatamente como gosta de passar o seu tempo e qual porção do mesmo deseja dedicar aos relacionamentos, emprego, ginástica e atividades de lazer. O problema é que ele também tem uma noção de como gosta de passar o próprio tempo e suas agendas nem sempre combinam. Muitos casais terminam porque não conseguem entrar num acordo com relação a quanto tempo devem passar juntos, com qual frequência devem transar e como definir o "tempo de qualidade" passado a dois. Vocês precisam se sentir à vontade discutindo esses assuntos enquanto estão namorando. Se quiserem manter o relacionamento vivo, os dois têm de estar satisfeitos com o tempo e a atenção que estão recebendo da outra pessoa.

> Minha esposa e eu tentamos, duas ou três vezes nos últimos 40 anos, tomar café-da-manhã juntos, mas foi tão desagradável que tivemos de parar.
>
> WINSTON CHURCHILL

Tentações

Caso 1: Você acaba de contratar um funcionário novo. Ele só tem três anos a menos do que você e é uma graça. Você adora trabalhar com ele e, às vezes, perde a noção do tempo por ele ser tão divertido. Você age sobre o seu interesse ou, pelo menos, continua a flertar com ele? Ou reconhece que o que está fazendo poderia ameaçar o seu relacionamento e faz alguma coisa para colocar alguma distância entre você e o novo carinha?

Caso 2: Seu namorado deu para chegar tarde em casa sem oferecer explicação alguma. Ele tem viajado mais e, em geral, estado pouco disponível. Você suspeita de que a esteja traindo. Você o confronta ou espera para ver o que vai acontecer? Quando você o confronta, ele oferece uma boa explicação para o seu estranho comportamento ou é vago?

O desafio: Tanto você quanto seu namorado enfrentarão momentos na vida em que serão tentados por uma terceira pessoa. A verdadeira questão é se vocês farão algo a respeito dessas tentações. Embora um não possa acorrentar o outro para impedir que vocês se traiam, podem conversar sobre infidelidade e tentações. Podem se assegurar de que concordam que a traição é uma quebra de contrato para os dois, algo que não pode ser tolerado sob quaisquer circunstâncias. As tentações que enfrentam enquanto estão namorando apresentam uma ótima oportunidade para discutir questões mais amplas sobre confiança e para esclarecer o que esperam do parceiro.

OU CASA OU VAZA

Manterem-se unidos através de todos os testes que pipocarem não é nem um pouco fácil. Requer paciência, comunicação e que se façam concessões mútuas, em todos os níveis. Se vocês enfrentarem um bom número de provações enquanto estão namorando, terão um gostinho de como administrariam as coisas juntos se fossem casados. No final, se vocês não conseguirem lidar com os desafios da vida de maneira bem-sucedida, não podem sobreviver como um casal e não devem continuar a avançar como tal.

> Se eu sei que um sujeito está traindo a mulher, não confio nele na sala de reuniões ou no campo de golfe. Ou você trai ou não trai. Quando o assunto é traição, não existe meio-termo.
>
> JAMES, 46 ANOS

Dias de folga

Ser um casal significa trabalharem juntos como uma equipe para enfrentar os desafios que a vida atirar no seu caminho. Significa tomar conta e apoiar um ao outro. Mas não significa que vocês sejam grudados um ao outro ou que possuam um único cérebro. Haverá dias em que você vai querer fazer suas próprias coisas sem ele. Da mesma maneira, ele terá dias em que sentirá o mesmo com relação a você. Haverá momentos em que não concordarão e momentos em que não estarão apaixonados. Esses "dias de folga" são normais em todo relacionamento.

Os seus dias de folga só constituem um problema se:

- Ocorrerem seis de cada sete dias na semana.
- Forem ficando cada vez piores até que, por fim, você já não quiser mais ver a cara dele.
- Forem causados por um problema muito maior e muito mais fundamental do relacionamento. Por exemplo: você não tem a sensação de estar recebendo amor e afeição suficientes, então não quer dar nenhum para ele.
- Não é que você esteja sentindo falta daquela "sensação amorosa", é que tem sentido mesmo aquela "sensação odiosa". Nos seus dias de folga, você quer mesmo é machucá-lo ou ser má com ele.
- Você não está disponível para ele nos dias em que ele realmente precisa de você.
- Você se zanga com ele quando ele tem um dia de folga e quer ficar sozinho.
- Você passa os seus dias de folga com outro cara.
- Você não faz esforço algum para equilibrar os seus dias de folga com os "dias no batente" como forma de mostrar a ele como é importante para você.

O mais difícil de tudo é aprender a ser um poço de afeição e não uma fonte; é mostrar-lhes que os amamos não quando estamos afim e, sim, quando eles estão.

NAN FAIRBROTHER

OU CASA OU VAZA

Algumas mulheres adoram passar algum tempo sozinhas e realmente adoram fazer compras ou se divertirem a sós. Outras são especialmente sensíveis à TPM ou ao estresse profissional e, quando eles surgem, só querem se isolar. Se qualquer um desses estados de espírito a descreve, talvez você precise de mais dias de folga do que outras mulheres. É importante encontrar um cara que seja do mesmo jeito, alguém que aprecie e respeite a sua necessidade de fazer as próprias coisas e de passar algum tempo longe dele. De outra maneira, vocês estarão constantemente em conflito porque ele se sentirá abandonado.

Ao concordarem em ser um casal, vocês aceitam a responsabilidade pela maneira que as atitudes e ações de cada um impactam no outro. Você passa a pensar mais sobre o que é importante para o seu parceiro e se empenha mais para chegar a acordos que satisfaçam às duas partes. Com frequência é preciso chegar ao meio-termo e abrir mão de alguma coisa para que se conciliem desejos. O desafio final que enfrentarão num relacionamento é decidir quando ser um indivíduo e quando funcionar como uma equipe, quando abrir mão de uma coisa e quando fincar o pé. Ser um casal exige trabalho e sacrifício, mas ainda assim é preciso arranjar tempo para cuidar de si mesmo. Se cada parte não continuar a fazer as coisas que precisa fazer para se sentir bem com relação à vida, não terá a energia necessária para investir num relacionamento.

As pessoas vivem dizendo que a gente sabe que conheceu "*o cara*" quando não consegue imaginar a vida sem ele. Acontece que a maioria de nós curte o tempo que passa sozinha e não se importaria se ele desse uma voltinha durante uma ou duas semanas. A verdadeira questão é: você realmente quer que ele volte; e realmente quer que ele volte inteiro?

VANESSA, 35 ANOS

Capítulo 6

Quem é esse cara?

Quando você conhece um homem, ele já tem uma história longa e variada, pois já estabeleceu firmemente a personalidade dele. Ele traz para o relacionamento o próprio passado, as experiências, gostos e implicâncias. Todas essas coisas fazem dele a pessoa que é e a maioria desses elementos não mudarão mesmo depois de você namorá-lo durante anos. Assim, uma vez que você o conhecer bem, é importante dar um passo para trás e avaliá-lo como indivíduo, fora do contexto do relacionamento. Faça-se perguntas como: "Será que eu respeito esse cara?

OU CASA OU VAZA

Eu gosto dele como pessoa? Será que ele é uma pessoa que eu ia querer na minha vida como amigo mesmo que não existisse um romance entre nós?"

As respostas a essas perguntas são imperativas porque para se ter um relacionamento de longo prazo e bem-sucedido é preciso que você confie a ele diversos aspectos da sua vida, de questões tão simples como pagar uma conta de telefone quanto assuntos tão complexos quanto cuidar dos seus pais idosos. Você precisa saber que ele é realmente uma boa pessoa e que as qualidades que você respeita nele sejam fundamentais a quem ele é, características duradoras nas quais você possa se fiar pelo resto da vida. Em outras palavras, para o relacionamento dar certo, você precisa gostar da pessoa que ele é quando está sozinho tanto quanto quando está com você.

Um toque de heroísmo

Nós já vimos acontecer dezenas de vezes na televisão: uma mulher aparece num restaurante para uma noite de farra com as meninas, senta-se à mesa e dá um daqueles sorrisos de mulher apaixonada. Então, uma delas lhe faz a pergunta inevitável: *"Quem é ele?"* Normalmente, ela responde da mesma forma que qualquer uma de nós. Diz às amigas o nome dele e como ele é maravilhoso. Talvez mencione o que ele faz da vida e onde o conheceu. Mas ainda não tem as informações quentes, os detalhes significativos sobre quem ele é e qual é a dele. Não sabe ainda responder a perguntas como: ele é de confiança? É honesto? Atencioso? Que tipo de personalidade

166

tem? Mas, por fim, quando o conhece bem, tem de responder a essas perguntas de forma a decidir que tipo de parceiro de longo prazo ele vai dar.

Você sabe responder a essas perguntas com relação ao seu namorado? Você sabe quem ele é *de fato*?

O dicionário do cara bacana

Pense nas características de um "cara bacana". Tratam-se de todas as qualidades fundamentais que valorizamos nos nossos amigos, familiares e caras-metades. São aquelas características que admiramos num herói e aquilo que nossos pais e professores esperam que nos tornemos. É importante que um cara se comporte bem quando estiver na companhia de outras pessoas – família, amigos e, até mesmo, estranhos –, não só quando estiver com você. Assim, primeiro se concentre em como ele trata os outros. Mais adiante neste capítulo, você terá a oportunidade de fazer as mesmas perguntas outra vez, concentrando-se em como ele a trata. Seu namorado tem as características de um cara bacana? Use o "dicionário do cara bacana" para descobrir.

Em.pá.ti.co (adj.):
que demonstra preocupação ou empatia pelos outros

Ele se sente mal quando lê um artigo sobre comunidades pouco favorecidas? Ele pararia para ajudar um gatinho ou cão machucado ou os ignoraria e seguiria em frente? Se um amigo dele estivesse ferido, ele iria ao hospital visitá-lo? Seu cara se coloca no lugar do outro e sente a dor das pessoas?

OU CASA OU VAZA

Lembre-se: Algumas vezes ele pode não estar com a menor vontade de ser empático, mas você vai precisar que ele seja atencioso com você, com sua família e com sua vida. Se ele achar que é importante ser empático para com as pessoas, ele o será, independente do humor dele ou das circunstâncias.

Pres.ta.ti.vo (adj.):
que oferece apoio ou assistência

Ele se oferece para carregar as compras da velhinha ou abre uma porta para alguém que não pode fazê-lo? Ele ajuda a irmã a editar o currículo dela ou se oferece para limpar a calçada do vizinho quando neva? Em geral, ele é uma pessoa prestativa grande parte do tempo ou tenta se safar de fazer qualquer tarefa extra?

Lembre-se: De vez em quando, ele poderá estar rabugento, cansado e sem a menor vontade de lhe oferecer apoio. Talvez esteja zangado com você e com a sensação de que você o está irritando. Apesar disso, você ainda precisará que ele esteja ao seu lado e, se ele achar que é importante ser um sujeito prestativo, estará.

Ho.nes.to (adj.):
que não é enganoso ou fraudulento; autêntico

Ele diz às pessoas o que elas querem ouvir ou é direto com relação ao que sente? Costuma mentir para os amigos ou para a família sobre quanto ganha ou sobre seu estilo de vida? Como reagiria se um amigo mentisse? Ele comenta sobre histórias de mentiras e traições no noticiário? Ele acredita que a sinceridade é importante?

QUEM É ESSE CARA?

Lembre-se: Às vezes ele se sentirá tentado a mentir sobre bobagens ou até mesmo a respeito de questões sérias. Ele talvez sinta vontade de gastar um pouquinho demais no jogo de pôquer ou de ir à uma boate de striptease com os rapazes e pensará assim: "É melhor que ela não saiba." Mas se ele valoriza a sinceridade, será franco com relação às coisas que podem afetá-la, independente de seu possível efeito.

Le.al (adj.):
fiel a uma pessoa, ideal, costume, causa ou dever

Ele demonstra respeito à faculdade que frequentou? É leal aos amigos ou os critica quando não estão por perto? Como reage quando ouve falar de homens que traem as mulheres ou de caras que estão agindo de forma desonesta no trabalho? Ele tem costumes ou valores aos quais se mantém fiel até mesmo quando alguém os questiona?

Lembre-se: Outras mulheres cruzarão o caminho dele e ele as achará atraentes. Se ele valoriza a lealdade, permanecerá fiel a você mesmo quando essas oportunidades cruzarem o seu caminho.

Res.pon.sá.vel (adj.):
capaz de tomar decisões morais ou racionais sozinho; capaz de responder pelo próprio comportamento

Ele paga as contas em dia ou sempre as atrasa? Os amigos sempre lhe pedem ajuda com a mudança porque sabem que podem contar com ele? Ele aparece para eventos importantes no horário marcado? Consegue manter um emprego? De maneira geral, ele é uma pessoa responsável?

OU CASA OU VAZA

Lembre-se: Às vezes ele se sentirá terrivelmente preguiçoso. Pode até ter vontade de pedir demissão do emprego e mudar de cidade. Mas se for um sujeito responsável, fará tudo o que pode para fazer o relacionamento dar certo mesmo quando não estiver muito afim.

Pa.ci.en.te (adj.):
tolerante; compreensivo; que tolera ou resiste à dor, dificuldades, provocações ou irritações com calma

Ele reage com tranquilidade quando um carro o corta na estrada ou faz um sinal obsceno e começa a gritar? Ele é paciente com a família e com os amigos? Perde a paciência quando lhe cobram a mais por alguma coisa ou lida com a situação calmamente?

Lembre-se: Vez ou outra, quando ele já estiver zangado com você e você for longe demais com a discussão, vai querer explodir. Mas se, em geral, ele for uma pessoa paciente, os momentos de frustração nem sempre se transformarão em briga. Ele os esquecerá e lidará com o estresse de outras maneiras.

Co.ra.jo.so (adj.):
possuir ou demonstrar coragem; valente

Ele se manifesta sobre o que pensa até mesmo quando teme as repercussões? Começa um emprego novo ou assume um risco nos negócios quando sabe que é o certo a fazer, mesmo quando se sente apreensivo? Todo mundo sente medo em certos momentos, mas ele permite que o medo tome conta ou luta contra ele para ter a vida que deseja?

Lembre-se: Relacionamentos exigem coragem. Seu namorado talvez precise defendê-la da mãe dele ou apoiá-la quando um mecânico tentar lhe vender um silencioso supercaro. Ele também vai precisar se sentir valente o bastante para lhe dizer como se sente e para ter discussões abertas sobre questões importantes. Se ele for uma pessoa corajosa em outras áreas da vida, você também poderá contar com ele para ser corajoso no relacionamento.

Al.tru.ís.ta (adj.):
ter ou exibir motivações que não estejam centradas em si próprio; abnegado

Ele deixa as pessoas passarem na frente dele na delicatéssen até mesmo quando está com fome ou arranja um jeitinho de chegar à frente da fila? Ele daria a fatia de pizza dele para um sem-teto mesmo se não tivesse dinheiro para comprar outra? Ele faz coisas para os outros até mesmo quando não lhe é conveniente? Ou age mais como um garotinho mimado, batendo o pé quando não consegue o que quer?

Lembre-se: De quando em quando, ele vai querer ser deixado em paz, mais do que qualquer outra coisa. Não vai querer ajudá-la com a louça ou com o supermercado, com as crianças e tampouco saber como foi o seu dia. Mas se, de uma maneira geral, ele for uma pessoa altruísta, colocará suas necessidades em primeiro lugar quando realmente for preciso.

É importante que o cara com quem você está saindo seja uma pessoa de bom coração. Isso significa que você aprovaria o

OU CASA OU VAZA

jeito de ele ser mesmo que não o estivesse namorando, mesmo se ele fosse algum cara que você estivesse observando por um espelho unidirecional. O que não quer dizer que ele tenha de se comportar perfeitamente bem a cada segundo do dia. Algumas vezes, situações ruins ou pessoas irritantes trazem à tona o pior que há em todos nós. Mas ele deve se portar bem na maior parte do tempo. É fácil para um homem ser carinhoso e prestativo assim que a conhece e quer impressioná-la, mas ele não vai permanecer assim por muito tempo se aquilo não fizer parte de quem ele é na essência. Naqueles dias em que ele a estiver levando à loucura e você sentir vontade de deixá-lo, você se empenhará mais pelo relacionamento se o respeitar como pessoa. Assim, avalie o seu cara e assegure-se de que pode contar com essas características positivas antes de ir em frente com o relacionamento.

> Momentos difíceis não criam heróis. É nos momentos difíceis que o herói que existe em nós é revelado.
>
> BOB RILEY

QUEM É ESSE CARA?

Rio abaixo

Lembre-se de que você está indo rio abaixo no relacionamento e que isso significa que tudo o que ele fizer rio acima quando você não estiver por perto vai escorrer na sua direção e afetá-la. Eis alguns exemplos deste fenômeno, oferecidos por mulheres de verdade:

- "Meu ex-marido era alcoólatra e, para ele, beber sempre vinha em primeiro lugar, antes de mim e do nosso filho. Um dia, paguei nossas contas e lhe entreguei o resto do dinheiro para ser depositado na poupança. Ele nunca chegou ao banco. Gastou tudo num bar, com bebida." – Ann, 54 anos.
- "Eu nunca havia me dado conta do quanto as pessoas nos julgam com base na pessoa com quem a gente está até eu me casar com o Rob. Ele é tão simpático e sociável que todo mundo parte do princípio que sou igual. Todos o adoram, então automaticamente me acolhem porque sou esposa dele." – Kristin, 38 anos.
- "Quando eu estava namorando o Chris, o achava meio ingênuo, fácil de enrolar. Ele ia até as últimas consequências para ajudar um amigo, mesmo se o cara fosse um imbecil. Hoje, no entanto, me dou conta de que a bondade dele é uma das maiores qualidades do nosso casamento. Por mais furioso que ele esteja comigo, nunca deixa de

OU CASA OU VAZA

ser atencioso ou de fazer tudo que é necessário para manter nosso relacionamento vivo." – Rebecca, 34 anos.

- "Eu sou rancorosa e, às vezes, quando estou zangada com Jim, fico muito tentada a riscar seu DVD preferido ou rasgar o dinheiro que está na carteira dele. Mas eu sempre consigo me controlar porque sei, no fundo de meu coração, que ele nunca faria essas coisas comigo ou com qualquer outra pessoa." – Marie, 39 anos.

- "Tom é um otimista. Tudo aquilo que entra em contato com ele, passa a ser um pouco mais feliz depois dele. É como se existisse uma nuvem de energia positiva em torno dele. Sou o completo oposto. Fico para baixo e muito negativa quando as coisas não funcionam do jeito que quero. Felizmente, o otimismo dele me contagia quando mais preciso." – Nancy, 28 anos.

- "Sei que posso confiar no Matt para cuidar do meu cachorro e regar as minhas plantas quando não estou em casa. Sei que quando chegar o dia de termos filhos, ele também cuidará deles, mesmo se eu não estiver por perto para lhe dizer o que fazer. Ele é uma pessoa muito atenciosa e responsável, e me dá uma grande paz de espírito saber que essas características fazem parte de quem ele é, independente de eu fazer ou não parte da vida dele." – Gwen, 27 anos.

- "Eu vivia aporrinhando o Doug para pagar a conta da tevê a cabo e para tirar o lixo. De início, aquilo não me incomodava mas, por fim, eu tinha de colocar tanta energia para fazer até mesmo as coisinhas mais insignificantes que vivia exausta. Se um homem não está disposto a ser responsável pela própria vida, não dá para

QUEM É ESSE CARA?

forçá-lo a isso e ele, certamente, nunca vai se sentir responsável pela sua." – Michele, 35 anos.

- "Quando Mike está de bom humor, é a pessoa mais doce que há. Mas quando se zanga, seus instintos mais primitivos entram em ação e ele se transforma numa pessoa extremamente impaciente e desagradável. Felizmente, até mesmo esse lado ruim não é tão ruim assim. Eu já o vi revelar o que tem de pior e realmente não chega a ser assustador. Assim, tenho confiança de que as piores brigas do nosso relacionamento não vão ser algo com o qual eu não consiga lidar." – Kyra, 31 anos.

A regra do "suficientemente"

Embora seja importante que o seu cara seja uma boa pessoa, ele não precisa ser um santo. Ninguém é perfeito o tempo todo e todos nós temos uma ideia diferente do quanto uma pessoa precisa ser responsável, atenciosa ou leal. Por exemplo, talvez você não tenha a menor tolerância para mentiras e outra pessoa ache que mentirinhas brancas não são nenhum bicho de sete cabeças. Ou, embora muitos de nós fiquemos impacientes no trânsito, você talvez ache que não consiga aguentar um homem que tenha o pavio curto em qualquer tipo de situação. Assim, no final das contas, é você quem tem de decidir o que essas características significam para você, quais são fundamentais e quais são aquelas sem as quais vocês não pode viver.

Uma vez que tiver identificado as qualidades fundamentais, lembre-se de que elas se manifestam em tonalidades diferentes, ou seja, uma pessoa não é inteiramente honesta ou desonesta. Ela pode ser "meio honesta" ou "honesta a maior parte do tempo". Assim, aquelas que são qualidades fundamentais para você precisam ser *suficientemente* parte de quem ele é para satisfazê-la. Em outras palavras, ele não precisa ter uma paciência sem fim com todo mundo o tempo todo. Ele apenas precisa ser *suficientemente* paciente para deixá-la satisfeita. Você precisa decidir o que "suficiente" significa para você, mas eis algumas linhas gerais.

100% EMPÁTICO: ELE AJUDA TODOS OS IDOSOS QUE VÊ E USA O APARTAMENTO COMO REFÚGIO PARA GATINHOS SEM-TETO.

SUFICIENTEMENTE EMPÁTICO: ELE ESQUECE O ANIVERSÁRIO DA MÃE, MAS SE LEMBRA DE LHE ENVIAR UM IMENSO BUQUÊ DE FLORES ALGUNS DIAS DEPOIS.

100% PRESTATIVO: ELE APARECE PARA A CIRURGIA DE JOELHO DO MELHOR AMIGO E PASSA A NOITE INTEIRA NA SALA DE ESPERA.

SUFICIENTEMENTE PRESTATIVO: ELE VAI AO HOSPITAL UMA VEZ QUE O SUJEITO JÁ ESTÁ CONVALESCENDO E PASSA PARA DEIXAR A REVISTA FAVORITA DELE.

100% HONESTO: ELE CONTA À IRMÃ SOBRE A FESTA SURPRESA QUE ESTÃO FAZENDO PARA ELA PORQUE NÃO CONSEGUE SUPORTAR A IDEIA DE MENTIR PARA ELA.

SUFICIENTEMENTE HONESTO: ELE DÁ UMAS INDIRETAS PARA QUE ELA SAIBA APENAS O BASTANTE PARA COLOCAR UM VESTIDO FOFO ANTES DE APARECER.

100% LEAL: ELE SEMPRE EMPRESTA DINHEIRO PARA O AMIGO, EMBORA O SUJEITO NUNCA O PAGUE DE VOLTA.

SUFICIENTEMENTE LEAL: ELE DÁ AO AMIGO UMA ÚLTIMA NOTA DE CEM REAIS COM UM BILHETINHO QUE DIZ: "ARRANJE UM EMPREGO, PÔ!"

QUEM É ESSE CARA?

100% RESPONSÁVEL: Todos os amigos sempre pedem para ele dirigir quando bebem muito. Alguns chegam a telefonar para ele quando não estão na mesma festa.

SUFICIENTEMENTE RESPONSÁVEL: Ele chama um táxi para os amigos bêbados se precisarem e paga o motorista para deixá-los em casa em segurança.

100% PACIENTE: Ele desce a rua calmamente atrás da multidão que se move lentamente. Ele para quando ela para e avança quando ela avança.

SUFICIENTEMENTE PACIENTE: Ele caminha calmamente atrás de um senhor idoso que não consegue caminhar mais rapidamente, mas dá uma olhada fulminante para os adolescentes tagarelas e passa por eles feito um foguete.

100% CORAJOSO: Ele detém ladrões com as próprias mãos e luta com eles até soltarem a bolsa de uma senhora.

SUFICIENTEMENTE CORAJOSO: Concorda em testemunhar contra os ladrões no tribunal, muito embora o olhem de forma ameaçadora o tempo todo.

100% ALTRUÍSTA: Ele deixa todo mundo ficar hospedado no apartamento dele sempre que quiserem — amigos, parentes e, de vez em quando, até mesmo um ser aleatório que ele nem conhece direito.

SUFICIENTEMENTE ALTRUÍSTA: Ele deixa os melhores amigos dormirem no sofá dele contanto que levem a nécessaire com artigos de primeira necessidade.

A parte mais difícil da "regra do suficientemente" é o fato de ser tão subjetiva. Você mesma pode mudar de ideia com relação ao que acha ser "suficientemente empático" ou "suficientemente altruísta". Mas você saberá dizer com muita facilidade se ele não for nem um pouco empático ou se for cem por cento egoísta. Se você notar que esses elementos negativos dominam a persona-

OU CASA OU VAZA

lidade dele, isso deverá fazer soar alarmes na sua cabeça. É difícil, senão completamente impossível, ter um relacionamento bem-sucedido com um cara que simplesmente não é uma boa pessoa. Um compromisso de longo prazo é um empreendimento muito sério e desafiador, e vocês dois vão ter de estar tão dispostos e aptos a lutar para fazê-lo funcionar mesmo quando não têm vontade. Isso significa que essas qualidades precisam fazer parte da natureza dele e da sua. Mas o resumo de tudo isso é que se não fazem parte de quem ele é hoje, é bem possível que nunca venham a fazer.

> O amor é uma amizade que se incendiou. É uma compreensão silenciosa, confiança mútua, compartilhar e perdoar. É lealdade nos bons e nos maus momentos. Ele aceita menos do que a perfeição e faz concessões para as fraquezas humanas.
>
> ANN LANDERS

Alguns testes simples

Considerando que muitas dessas qualidades são vagas, talvez seja difícil decidir se ele se adéqua ou não aos seus padrões com base no que ele sabe a seu respeito hoje. Definitivamente, é preciso muito tempo e experiências compartilhadas para realmente conhecermos alguém completamente. Existem alguns testes que você pode fazer, entretanto, para ter um quadro mais claro de como ele se comporta. Use estes métodos para se afastar dele e analisá-lo de maneira mais objetiva.

O teste da proximidade

Estude as pessoas das quais ele se cerca. Até determinado grau, todos nós somos influenciados pelos nossos amigos. Costumamos escolhê-los porque são parecidos conosco de muitas maneiras. Assim, preste atenção nos amigos dele, ao seu comportamento e valores. Eles vivem traindo as namoradas? Caso traiam, talvez ele ache que não há problema em trair. Eles têm empregos estáveis, metas? Caso tenham, é provável que ele também possua. É claro que existem casos em que ele será diferente dos amigos, mas dá para ter uma ideia geral do tipo de gente que o influencia observando os homens dos quais ele se cerca. Você tem motivos para alarme se:

- Ele passa a maior parte do tempo com solteiros que acham o compromisso um fardo.
- Muitos dos amigos dele estão envolvidos em atividades ilegais, como tráfico de drogas e crimes de colarinho-branco.
- Ele fala da frequência com a qual o melhor amigo trai a namorada como se não houvesse nada de errado nisso.
- Você notar que todos os amigos dele acham engraçado degradar mulheres e falar delas como se fossem objetos.
- A maioria dos amigos dele gasta mais do que pode com "brinquedinhos" caros como carros extravagantes, iates e aparelhos eletrônicos sofisticados. Os caras competem uns com os outros e exibem as mercadorias.

O teste do modelo vivo

Preste bastante atenção na família dele e para o que ela dá valor. Os pais dele ainda estão casados? O pai trai e mente ou é um homem honesto? Os pais dele são responsáveis? Apesar de ele não ser exatamente igual a eles, terá adotado pelo menos alguns dos pontos de vista deles. É importante que ele tenha alguns modelos positivos na vida, como um casal mais velho que conheça bem e que esteja envolvido num relacionamento há muito tempo. Não é preciso que sejam os pais dele e sim gente que ele respeite a ponto de confiar no que fazem e se sinta influenciado a viver de forma parecida. Você tem motivo para alarme se:

- A maioria das pessoas da família dele for divorciada, incluindo pais, irmãos, tios e tias, e ele não mostrar o menor sinal de estar comprometido em mudar essa tradição familiar.
- Ele coloca o pai num pedestal embora se trate de uma pessoa extremamente amarga e negativa.
- Todos os irmãos saíram dos eixos; não têm empregos estáveis nem responsabilidades.
- Não há pessoas mais velhas na vida dele que vivam a vida da maneira que você gostaria de viver a sua.
- Ele tem um relacionamento ruim com a família toda, muito embora você a tenha conhecido e ela tenha lhe parecido simpática e autêntica.

QUEM É ESSE CARA?

O teste do emprego

Que tipo de profissão o seu namorado escolheu e como costumam ser as pessoas dessa classe profissional? Ele é um advogado corporativo que vive a pressão de ter de trabalhar por horas a fio? É um analista de investimentos para quem ganhar grandes quantias vem antes de qualquer outra coisa? Trabalha em construção e passa a temporada em que não há obras farreando com os rapazes? É um promotor público que às vezes corre perigo de vida por causa dos criminosos que põe atrás das grades?

Embora existam exceções à regra em todas as profissões, o emprego que um homem escolhe diz, sim, algo sobre seus valores, seu grau de ambição e como ele deseja que seu futuro seja. O trabalho dele será a maior parte da vida dele, e da sua também. Você consegue viver com isso? É possível que ele não seja o sujeito certo para você se:

- O ambiente profissional dele for chauvinista e arrogante, e isso parecer influenciá-lo.
- Todos os colegas de trabalho dele traírem as mulheres e trapacearem no trabalho também. Ele convive com esses sujeitos e os respeita.
- Ele é um profissional de investimentos, então o seu único objetivo é ganhar dinheiro e você não quer que a perseguição ao dinheiro seja uma parte enorme da sua vida.
- Ele tiver uma profissão criativa na qual a maioria das pessoas tem um estilo de vida boêmio e você quiser mais estrutura na sua vida.
- Ele for policial, bombeiro ou estiver nas forças armadas e você não tiver certeza de que consegue viver com o grau de perigo existente na carreira dele.

OU CASA OU VAZA

O teste do "apenas uma amiga"

Imagine se uma amiga sua assumisse todas as qualidades e valores do seu namorado. Você ainda seria amiga dela? Ela seria alguém com quem você gostaria de passar o tempo? Algumas vezes, fazemos distinções na forma de avaliar alguém se o estamos namorando ou se for apenas um amigo. Temos a tendência de ignorar defeitos e inventar desculpas para comportamentos desagradáveis quando temos um envolvimento amoroso com alguém. Dessa forma, tente separar os valores e ações dele de quem ele é imaginando como seria se ele fosse uma amiga e como você se sentiria a respeito dele nesse caso. Você tem motivos para alarme se:

- Tinha uma amiga exatamente como ele e parou de conviver com ela porque não era uma pessoa legal.
- Notar que quando imagina uma das suas amigas agindo como ele, se arrepia inteira.
- Se dá conta de que está fazendo vista grossa para diversas características negativas simplesmente porque se sente atraída por ele.
- Você sabe que se o levasse para sair à noite com as meninas, travestido de mulher, suas amigas não iriam querer bater papo com ele.

O teste do cinema

Imagine que o seu cara é o personagem de um filme. Você toma o partido dele ou o acha um idiota? Você quer vê-lo se dar bem no final? Se lhe pedissem para escrever um roteiro baseado na vida dele, como você o retrataria e como as outras pessoas reagiriam ao personagem? Mais uma vez, esse exercício é simplesmente uma forma de se remover da equação e analisar objetivamente a maneira como ele leva a vida dele. Você precisa ter a sensação de que quer ver seu carinha se dar bem. Romance a parte, você quer vê-lo ser bem-sucedido? Você está torcendo por ele? Você tem motivos para alarme se:

- O título do roteiro for: *Psicopata Moderno*.
- Der a si mesma o papel (secundário) da companheira inseparável e infeliz.
- Ficar torcendo para os alienígenas o engolirem vivo.
- Não conseguir encontrar uma forma de torná-lo simpático para a plateia.
- O final for feliz apenas se ele não sobreviver ao ataque da última cena.

O teste da narrativa

Que tipos de histórias ele conta sobre o passado? Preste bastante atenção nelas. Essas histórias dizem algumas coisas sobre o que ele valoriza. Indicam aquilo do que ele sente orgulho e o que ele quer mostrar. Assim, se ele contar que se dá bem porque é um bom mentiroso, provavelmente acha que você vai ficar impressionada com tais habilidades. Se ele lhe disser que sua maior realização na vida foi finalmente aprender a trapacear no imposto de renda, você pode deduzir que ele não valoriza a honestidade. Assim, preste atenção para o que ele diz sobre as ex, sobre como terminou com elas e o que elas pensam dele hoje em dia. Ele recebe cartas horrorosas delas ou elas o deixam em paz?

OU CASA OU VAZA

Elas fazem psicoterapia hoje em dia ou ainda falam dele de maneira elogiosa? Mesmo que ele possa florear relatos para impressionar você, o que ele escolher como assunto poderá lhe dizer muito sobre quem é e o que é importante para ele. Você tem motivos para alarme se:

- Ele nunca lhe contar uma única história sobre o próprio passado. Na verdade, ele parece estar escondendo alguma coisa.
- Todas as suas histórias favoritas envolverem atirar em animais ou bater no irmão.
- Ele receber cartas repletas de ódio das ex-namoradas com regularidade.
- Uma busca no Google produzir informações sobre a medida cautelar pedida por uma ex contra ele.
- As histórias que ele lhe contar sobre a própria vida não combinarem em nada com as que os pais dele lhe narram.

De volta a você

Você acha que ele trata as pessoas bem quando não está com você? Ele parece ser, genuinamente, uma boa pessoa? Se sua resposta for não, está na hora de deixá-lo partir. Mas se a resposta for sim, você agora pode avaliar como ele demonstra essas qualidades quando está com você. Se você o avaliou corretamente até aqui e chegou à conclusão de que se trata de um cara sensacional, deverá ser bastante fácil ver que ele é igualmente sensacional quando se encontra ao seu lado. Pense nas maneiras que ele demonstra para você que é uma boa pessoa.

QUEM É ESSE CARA?

Ele demonstra que gosta de você?

Ele faz coisinhas especiais para deixá-la contente? Telefona para perguntar se você quer alguma coisa de especial quando está no mercado? Faz o jantar de vez em quando ou lhe leva sopa quando você está doente? Ele talvez aparente ser a pessoa mais atenciosa do mundo assim que você o conhece porque está querendo impressioná-la, mas, por fim, não manterá a mesma energia que tinha no início. Talvez deixe os pequenos gestos para lá, mande flores com menos frequência e se esqueça de comprar suco de laranja quando você lhe pedir para fazê-lo. Ainda assim, você já decidiu que ele é, em geral, uma pessoa atenciosa e essa qualidade sempre estará presente no seu relacionamento de alguma maneira.

Ele lhe oferece apoio?

Por acaso ele passa a mão no telefone e discute com o representante do serviço ao consumidor por você caso a sua última compra não esteja funcionando direitinho? Ele lhe diz que está morto de orgulho por causa do superaumento que você recebeu? Você tem a sensação de que ele está sempre ao seu lado? É claro que de vez em quando, seu namorado tomará algumas atitudes que poderão ser qualquer coisa, menos indicações do quanto ele tenta ser prestativo. Talvez ele dê um piti por causa do seu aumento, pois você vai passar a ganhar mais do que ele. Talvez ele lhe diga que você está errada quando discutir com sua irmã. Mas se ele a apoiar a maior parte do tempo, você

OU CASA OU VAZA

sentirá que ele está ao seu lado e não se livrará dele por causa daqueles pequenos momentos em que não estiver.

Ele é sincero com você?

Alguma vez ele já mentiu para você de maneira significativa sobre onde estava, o que estava fazendo ou com quem estava? Você acredita que ele esteja lhe dizendo a verdade sobre o que está fazendo quando sai com os amigos? Talvez não seja nada demais se ele lhe disser que tomou dois drinques quando tomou quatro ou se disser que chegou em casa a uma quando chegou às duas. Todo mundo conta esse tipo de lorotinha para tranquilizar a pessoa amada. Se você sabe que ele valoriza a sinceridade nos outros, pode ter certeza de que quando se tratam de questões realmente importantes, ele sempre dirá a verdade.

Ele é leal a você?

Ele já a traiu? Ele flerta pelas suas costas? Ele já contou aos amigos segredos que você não queria que ele divulgasse ou lhes disse coisas negativas a seu respeito? Se ele já fez qualquer uma dessas coisas, não dá para confiar nesse cara porque ele não é leal a você. No entanto, algumas vezes é difícil saber ao certo se alguém está ou não sendo completamente leal num relacionamento. É óbvio que não há como vigiá-lo o tempo todo. Assim, você precisa confiar cegamente. Você será capaz de fazer isso se souber que ele valoriza a lealdade nos outros e que é constantemente leal para com os amigos, família e os próprios valores.

Ele é responsável no relacionamento de vocês?

Ele aparece para os encontros que marca ou a deixa na mão? Ele faz pequenas tarefas para você quando você lhe pede? Você pode ter certeza de que ele lhe pagará de volta quando você lhe empresta dinheiro ou que colocará um documento importante no correio para você? Ele assume responsabilidade pelos próprios atos quando a magoa? É claro que ele irá deixar de fazer alguma coisa que você lhe pedir em algum momento ou irá agir de maneira irresponsável e magoá-la, mas se for uma pessoa responsável, geralmente, esses pequenos escorregões não irão incomodá-la o suficiente para fazer com que o relacionamento como um todo desmorone.

Ele tem paciência com você?

Ele grita quando você está demorando demais para se arrumar? É áspero se você o incomoda enquanto assiste à tevê? Fala com você calmamente ou fica ansioso quando você tenta manter uma conversa séria? Ele fica se contorcendo enquanto você tenta fazê-lo prestar atenção para o que está falando? A maioria de nós passa por momentos em que tem pouca paciência para com a pessoa amada – ou porque estamos de mau humor ou porque ela disse algo para nos tirar do sério. Se ele for uma pessoa paciente na maior parte do tempo, no entanto, você será capaz de lidar facilmente com as pequenas ocasiões nas quais ele não for.

Ele tem coragem para enfrentar as questões que a afetam?

Ele revela o que sente até quando ele próprio tem medo? É valente o bastante para admitir para você quando está errado? Ele briga com o cara da concessionária quando este tenta passar a perna em você? Ele certamente poderá sair correndo ao ver um inseto ou se esconder debaixo do cobertor durante um filme de terror, mas se valoriza a coragem, ele agirá com bravura quando isso mais importar.

> Um herói não é mais valente do que um homem comum, apenas é corajoso por mais cinco minutos.
>
> RALPH WALDO EMERSON

Ele é altruísta no relacionamento?

Ele toma todo o café de manhã, mesmo sabendo que você quer uma xícara? Ele lhe oferece uma mordida do sanduíche que está comendo ou o devora inteirinho na sua frente? É claro que haverá momentos em que ele se portará de maneira bastante egoísta, quando os instintos infantis o dominarão e ele exigirá que as coisas sejam feitas à maneira dele. Mas você não ficará muito alarmada com esses momentos se já o tiver presenciado agindo de maneira pouco egoísta em inúmeras outras ocasiões.

É extremamente importante que o cara com quem você está saindo demonstre essas características nobres quando estiver

QUEM É ESSE CARA?

com você, embora seja igualmente importante que elas façam parte de quem ele é na essência. Apesar de os cientistas não conseguirem entrar num acordo sobre a personalidade ser um resultado da natureza (influências genéticas) ou da criação (influências ambientais), todos concordam que é difícil mudar a personalidade de alguém quando se atinge a idade adulta. Dessa maneira, ele é o que é. E quando você está tentando decidir se um homem é certo para você, esse é um fator que precisa ser levado muito a sério. Se você não gosta do que vê hoje, não invista mais energia e tempo no relacionamento.

Capítulo 7

O eu solteiro

Fazer parte de um casal lembra um pouco a prática de um novo esporte. De início, essa nova atividade requer todo o seu empenho, pois você precisa aprender todas as novas regras do jogo. Mas depois que você já está praticando há algum tempo, o papel de namorada passa a fazer parte integrante de quem você é. O relacionamento passa a ser uma parte divertida e familiar da sua vida e os dias passam a voar.

Mas, um dia, você acorda, um ou dois anos mais tarde, e se dá conta de que sua vida mudou. Você percebe, pela primeira vez, que existe uma distância entre o seu mundo de hoje e o mundo que você conhecia quando estava solteira. Você se dá conta de que, por fazer parte deste relacionamento, perdeu contato com partes do seu eu solteiro... e que sente falta delas.

Quando nos damos conta de que nosso relacionamento talvez caminhe para um patamar mais sério, temos sentimentos complexos sobre deixar a vida de solteira para trás. Nos sentimos animadas, mas assustadas. Queremos ter alguém com quem contar, mas não queremos perder a pessoa independente que somos. Ansiamos por ser noiva ou esposa, mas queremos definir esses papéis da nossa própria maneira.

Quando você tem sensações complicadas assim, talvez se pergunte se elas têm alguma coisa a ver com o seu namorado. "Talvez ele não seja o homem certo", você pensa. "Talvez, se fosse, eu estaria preparada para mergulhar de cabeça e nenhuma dessas questões estaria me incomodando." Mas é normal ficar confusa durante esse período de transição. Toda vez que passamos por uma nova fase em nossas vidas, sentimos um misto de excitação com um pouco de medo. Lembre-se apenas de que não é necessário escolher entre "eu" e "nós". Você não está substituindo a pessoa que costumava ser. Está acrescentando algo a ela. E se o relacionamento for o certo para você, você será capaz de manter aquelas partes do seu eu solteiro que mais preza ao mesmo tempo em que acolhe a nova dimensão que seu parceiro traz à sua vida.

Deixando a zona de conforto

Quando estamos solteiras, passamos muito tempo pensando e falando sobre fazer parte de um casal. Muito embora estejamos ocupadas com nossas carreiras e nossos amigos, a maioria de nós espera encontrar um cara maravilhoso em algum momento, não porque precise de um, mas porque nos anima a perspectiva do que ele acrescentará à nossa vida. Nunca nos passa pela cabeça que talvez pensemos duas vezes sobre estar num relacionamento uma vez que já estivermos em um. No entanto, como mulheres modernas, passamos a primeira parte da vida aprendendo a ser autossuficientes e felizes por conta própria. Então, é natural que fiquemos um pouco apreensivas quando temos de encaixar outra pessoa no mundo que criamos.

Nossos medos

Alguns dos nossos medos podem ser absurdos, quadros catastróficos do tipo: "E se ele tiver uma dívida de cartão de crédito astronômica sobre a qual não me contou?" ou "E se eu o colocar no Google e descobrir que ele é procurado por tráfico de drogas em outro país?" Todas nós já lemos artigos inacreditáveis sobre namorados que pareciam ser normais, mas que se transformaram em perfeitos vilões, e nos preocupamos com a possibilidade do mesmo acontecer conosco. Mas você provavelmente também tem alguns medos bastante racionais e é nesses que precisamos nos concentrar neste capítulo. O que mais a amedronta sobre o comprometimento com o seu cara? Esses temores são causados por algo que ele vem fazendo ou você simplesmente sente medo de sair da sua zona de conforto para fazer parte de algo que lhe seja um pouco menos familiar?

Medo nº 1: perder a independência

Quando você era solteira, dominou a arte de ser feliz sozinha. Na verdade, realmente curtia sua liberdade, poder paquerar à vontade, sair com os amigos e fazer as suas coisas. Mas você teve de pagar um preço por essa independência. Teve de se recuperar de rompimentos difíceis, se mudar algumas vezes e correr riscos na carreira para finalmente chegar a esse patamar de completa autoconfiança. Mesmo agora, quando já está com o seu namorado há algum tempo, você ainda sai com os amigos e viaja sem ele de vez em quando. Mas, você se pergunta: "Será que ainda vou poder fazer essas coisas se ficar noiva ou me casar?" Esses pensamentos são bastante assustadores para qualquer mulher que está acostumada a se virar sozinha. Mas lembre-se de que é muito possível que você tenha esse tipo de temor independente da pessoa que estiver namorando. Quando começamos a pensar em assumir um compromisso com alguém, os possíveis sacrifícios envolvidos se tornam muito mais reais. Seus temores não são sinal de que esse cara em especial está errado para você, a não ser que:

- Você tenha a sensação de que ele está tomando conta de determinadas partes da sua vida sem o seu consentimento. Quem sabe ele responda por você quando alguém lhe faz uma pergunta ou insista em pedir por você quando saem para jantar.

- Ele não a respeite pelo seu temperamento independente e a critique por ter as próprias opiniões e objetivos.
- Ele se queixe que você não precisa dele e quer que prove que precisa, sim, abrindo mão de coisas que são importantes para você.
- Ele venha exigindo que você se mude para um lugar para onde você não quer ir, onde ficará completamente isolada da vida que tanto ama hoje em dia.
- Você decida que simplesmente não quer um relacionamento e que toda a ideia de fundir sua vida com a de outra pessoa não é para você.

Medo nº 2: menos tempo para outras pessoas

De vez em quando, nos momentos em que estiver curtindo um jantarzinho silencioso com seu namorado, recordará dos dias, há muito tempo atrás, quando saía todas as noites para bares barulhentos com as amigas e fazia a maior zona. Às vezes, você dá de cara com uma foto antiga e sente saudade daquela zoeira toda. Mas as coisas mudaram e a vida parece ser ainda mais cheia agora do que já era antes. Você trabalha, frequenta a academia e tem um milhão de outras coisas rolando, então passa a maior parte do seu tempo livre com ele. Até sua família você vê menos hoje em dia. Você sente falta dessas outras pessoas, embora não sinta tanto a falta delas como antigamente e isso a deixa meio triste.

Quando você começa a sentir que seu namorado está se transformando na sua "família" e que aquelas pessoas que um dia desempenharam esse papel já não ocupam o primeiro lugar na sua vida, você ficará triste. É possível até mesmo que tenha a sensação de estar traindo as amigas solteiras ou os seus pais

OU CASA OU VAZA

por estar dando prioridade ao seu cara. Essas sensações são normais. Passam a ser um problema se:

- Ele a estiver impedindo de ver a família e os amigos. Estiver fazendo coisas para isolá-la de um contato com o mundo exterior.
- Você sentir que ele está monopolizando seu tempo de maneira injusta, demonstrando ser carente e exigindo atenção constante para que se sinta feliz.
- Ele detestar sua família ou seus amigos e se recusar a fazer qualquer esforço para se dar bem com eles.
- Ele não conseguir compreender por que você quer sair à noite só com as garotas de vez em quando.

> A melhor maneira para se amar qualquer coisa é perceber que ela pode ser perdida.
>
> **GILBERT K. CHESTERTON**

Medo nº 3: perder o seu espaço e privacidade

Você tem o seu próprio apartamento ou casa ou talvez apenas um quarto de alojamento universitário, mas é seu. Você o decorou da sua maneira. Você tem seu espaço no guarda-roupa, seu banheiro e toda a privacidade do mundo. A princípio, você curtiu "brincar de casinha". Ele ia para a sua casa, fazia jantar ou, então, você lavava a roupa dele. Você não se importava de compartilhar seu espaço com seu namorado porque sabia que podia lhe pedir para ir embora. Agora, você se pergunta: "Como vai ser a vida se ele estiver por perto o tempo *todo*? Ele é tão bagunceiro e nunca limpa nada. Como vou lidar com a sujeira-da dele? Tem móveis horrorosos, milhares de quinquilharias e troféus do ensino médio. Como fazer para lhe pedir que largue aquelas gracinhas num depósito?"

Quando você está acostumada a fazer as coisas à sua maneira, segundo os seus próprios critérios, ter um cara invadindo o seu espaço pode trazer de volta traumáticas lembranças de infância, como a sua irmã fuxicando as suas coisas. Mas você pode reaprender a viver com outra pessoa e nunca será tão ruim quanto ter a sua irmã xereta pairando sobre você. Esse medo de perder a privacidade e o espaço que você conquistou só é um problema se:

- Ele não mostrar respeito algum por você, pelo seu espaço ou pelas suas coisas. Ele aparecer na sua casa, colocar os sapatos imundos em cima da mesa da sua cozinha e esfregar os pés fedorentos no seu sofá branco novinho.
- Ele insistir que o lugar onde vocês forem morar juntos seja decorado do jeito dele porque você não entende nada de decoração.
- Ele, "sem querer", encontrar os seus diários enquanto você estiver no mercado, lê-los e depois brigar com você por causa do conteúdo.
- Insistir em exibir, com grande destaque, um objeto de valor sentimental que lhe foi dado por uma ex-namorada.
- Insistir em trazer armas, brinquedinhos sexuais esquisitos, um pé de maconha ou qualquer outra coisa que você não quiser quando se mudar para a sua casa.

OU CASA OU VAZA

Medo nº 4: perder oportunidades

Você ralou muito para se destacar na sua carreira. Talvez seja profissional liberal ou tenha galgado os degraus desde a posição de secretária até chegar à gerente. Você tem orgulho de tudo que já realizou e ainda há mais coisas que deseja conseguir. Quando surge um cara e vocês dois começam a se levar a sério, o relacionamento começa a limitar a sua flexibilidade e o tempo passado no trabalho, e isso pode deixá-la ansiosa. Você não quer mais ficar no escritório até tarde, mas tampouco quer parecer negligente. Também não pode aceitar um emprego melhor em outro estado porque tem de levar outra pessoa em consideração. E já dá para perceber que esse número de malabarismo só tende a ficar mais complicado. Em algum momento, você vai ter de descobrir como equilibrar os seus objetivos pessoais com a carreira e a família. A ideia de conseguir fazer tudo isso lhe parece impossível. Toda mulher bem-sucedida e de grande motivação se preocupa com tais questões. Isso não é sinal de que há algo de errado com o cara com quem você está, a não ser que:

- Ele insista que a carreira dele vem em primeiro lugar... e ponto.
- Vocês não consigam entrar em acordo sobre como irão dividir as tarefas caso tenham filhos.
- Depois de pensar sobre o relacionamento, você decidir que realmente não gosta dele o bastante para fazer concessão alguma que inclua qualquer parte da sua carreira, nunca.
- Ele diminuir suas realizações pessoais e tratar seu emprego como uma coisa menor, como se não tivesse muita importância.
- Ambos forem imensamente competitivos um com o outro e viverem tentando se superar.

Medo nº 5: amadurecer

Quando você era solteira, fazia uma coisa diferente por fim de semana e isso parecia fazer a vida passar mais lentamente. O tempo não voava como acontece agora, que você se acomodou nessa confortável rotina. Você olha para trás e se pergunta para onde o tempo foi. E nota que se sente muito mais adulta agora que tem uma cara-metade. Você costumava achar que noivar e casar era algo para gente mais velha, mas agora já quase que se consegue ver fazendo as mesmas coisas.

Assumir o compromisso de passar o resto da vida com outra pessoa é um dos sinais mais visíveis da passagem do tempo. Subitamente, você está assumindo um papel que os seus pais sempre desempenharam. Eles se tornam a geração mais velha e você ocupa o lugar deles. Esse processo provoca sentimentos fortes de temor e nostalgia em todos nós. É a melancolia que acompanha o amadurecimento, uma sensação parecida com a que temos quando nos formamos ou deixamos a casa de nossos pais. Não se surpreenda se você tiver dificuldade em deixar o passado e tudo o que ele representa para trás. Apenas compreenda que essas sensações são normais e que nada têm a ver com seu carinha, a não ser que:

- Você tenha certeza de que caso ele se torne parte permanente da sua vida, o futuro não será tudo aquilo que você deseja.
- Você olhar para trás e se der conta de que era muito feliz antes e que, agora, está muito infeliz.
- Você achar que seu desejo de levar uma vida movida por um espírito jovem e sem preocupações vai levá-la a ser infiel ao seu namorado em algum momento.

OU CASA OU VAZA

- Você se der conta de que é jovem demais para estar vivendo um relacionamento e que não viveu o bastante para ter certeza de que é isso que realmente deseja. Você realmente ainda não está pronta para crescer.

Disparadores de lembranças

Sentimentos complexos sobre deixar o passado para trás podem surgir em momentos diferentes, graças aos motivos mais variados. Assim, não se surpreenda se forem disparados por experiências como:

- Encontrar uma velha fotografia sua na companhia de amigos;
- Ouvir uma música que a faz lembrar-se dos velhos tempos, antes de conhecê-lo;
- Ser perguntada, pelo seu pai ou pela sua mãe, do quanto você está levando esse relacionamento a sério;
- Ir ao casamento de outra pessoa;
- Ler e-mails antigos ou cartões que você guardou;
- Descobrir que a vida de uma amiga está mudando de forma significativa;
- Dar de cara com um ex ou com um velho amigo;
- Sair para comprar uma aliança;
- Levá-lo para conhecer seu antigo bairro;
- Ver fotos dos seus pais assim que se casaram.

Dividida

Pode ser muito difícil separar o que você sente pelo seu namorado dos sentimentos que tem pelas mudanças e desafios que ele representa. Não obstante, reconheça que muitas, senão todas as mulheres, passam por esse complicado período de adaptação e que ele é, em parte, produto dos tempos em que vivemos.

Hoje em dia, o casamento simplesmente não tem de ser como era há alguns anos. Não precisamos de um homem para o nosso sustento, para proteção ou, mesmo, para termos filhos. Assim, a decisão de estar com um determinado parceiro é verdadeiramente uma decisão que tomamos por livre e espontânea vontade, ou pelo menos assim achamos.

É interessante notar que, ao passo que as mulheres um dia se sentiram pressionadas a se casarem, hoje em dia, às vezes, sentimos a pressão para não assumirmos um compromisso com um homem. Muitos nos dizem que esperemos e que construamos a nossa própria vida primeiro. De fato, muitas mulheres, independente da idade, local onde residem e círculo social, confirmam que essas duas correntes conflitantes existem na nossa cultura – a pressão para se casar e a pressão para não fazê-lo. Assim, você talvez ache que não consegue se decidir com relação ao seu carinha por ser exigente demais ou simplesmente por não ser uma pessoa decidida, ou por ele não ser a pessoa certa quando, na realidade, você está recebendo sinais confusos do mundo à sua volta. Esse fenômeno pode deixá-la insegura quanto ao seu relacionamento e ao lugar que você deseja que seu namorado ocupe na sua vida. Você talvez sinta que tem de:

OU CASA OU VAZA

- Respeitar e contar com um homem ao mesmo tempo em que aprecia sua própria independência.
- Apoiá-lo e honrá-lo, ao mesmo tempo em que você fala o que pensa e faz com que suas preferências sejam conhecidas.
- Saia com homens sem fazer gênero, sendo você mesma.
- Aceitar o tradicional ao mesmo tempo em que abraça o futuro.
- Se casar com alguém que se pareça com você ao mesmo tempo em que encoraja as diferenças de maneira a manter a vida emocionante.
- Olhar além do superficial ao mesmo tempo em que fica de olhos bem abertos para o potencial de ganho do parceiro.
- Trabalhar sem que isso a torne uma mãe ou esposa ruim.
- Ficar em casa sem se perder e sem perder seus objetivos.
- Querer um compromisso ao mesmo tempo em que não pode desejar um a ponto que isso domine a sua vida.

Com tantos sinais confusos nos bombardeando, é incrível que algum dia consigamos decidir o que queremos de um relacionamento. Lembre-se apenas de que a decisão realmente cabe a você. Não permita que expectativas complexas e muitas vezes culturalmente contraditórias das mulheres nublem seus verdadeiros sentimentos, sejam eles bons ou ruins, pelo homem da sua vida.

Memória seletiva

Independente da seriedade do seu relacionamento antes de vocês se tornarem noivos, ele ainda tem um clima de impermanência. Lá no fundo da sua mente, você sabe que ainda não assumiu compromisso algum. Você ainda tem uma "saída" – não que você vá escolher usá-la, mas ela existe.

O EU SOLTEIRO

Mas pode chegar um momento em que você pense seriamente em usar essa "saída". Você se sente tão ansiosa sobre deixar seu mundo de solteira para trás que decide que simplesmente não vai conseguir. Você preferiria voltar a tocar a vida sozinha, sair com os amigos, a ser quem você é, sem laços. Mas antes de dispensar o cara em nome da vida que você um dia conheceu, lembre-se de que ela não era tão perfeita quanto você lembra. Costumamos romantizar o passado e nos esquecermos de que ele também teve a sua série única de desafios. Estar num relacionamento pode exigir muito empenho e fazer com que as coisas fiquem confusas, mas viver sozinho também pode significar o enfrentamento desse mesmo tipo de desafio, e isso é um fato importante que precisa ser lembrado.

> As mulheres de hoje estão lidando, ao mesmo tempo, com a própria independência e o fato de que suas vidas foram construídas para encontrarem e satisfazerem os modelos românticos com os quais crescemos.
>
> JANE CAMPION

Celebre os dias que já se passaram porque eles foram, sem dúvida, emocionantes e satisfatórios, mas lembre-se de que o passado nem sempre foi tão perfeito quanto você se lembra.

LEMBRANÇA: O ENSINO MÉDIO FOI UMA AVENTURA DIVERTIDA E LIVRE DE PREOCUPAÇÕES, UMA ÉPOCA EM QUE O TEMPO ESTAVA DO SEU LADO E O MUNDO ERA CHEIO DE POSSIBILIDADES. AH, PODER SER JOVEM OUTRA VEZ!

OU CASA OU VAZA

REALIDADE: VOCÊ LUTAVA CONTRA A ACNE; MENINAS IRRITANTES QUE FORMAVAM GRUPINHOS EXCLUSIVOS; A APREENSÃO QUE O FUTURO TRAZIA. VOCÊ SEMPRE VIVIA SENDO PERSEGUIDA PELOS DEVERES DE CASA E A PRESSÃO DE TER DE PASSAR NO VESTIBULAR PAIRAVA SOBRE SUA CABEÇA.

LEMBRANÇA: VOCÊ SE DIVERTIA TANTO COM SEU EX-NAMORADO! UM SIMPLES PASSEIO PELAS VITRINES DA CIDADE JÁ OS DISTRAIA POR HORAS.

REALIDADE: ELE A LEVAVA À LOUCURA, OLHANDO EMBASBACADO PARA TODAS AS MULHERES QUE PASSAVAM PELA RUA E PARA OS MANEQUINS DAS VITRINES. NO FIM DAS CONTAS, VOCÊ FICOU FELIZ QUANDO ELE SE MANDOU.

LEMBRANÇA: AS NOITES NOS CLUBES NOTURNOS ERAM TÃO DIVERTIDAS. NADA SE COMPARA À SENSAÇÃO DE ESTAR CERCADA POR ÓTIMAS AMIGAS E UM OPEN BAR.

REALIDADE: DE VEZ EM QUANDO VOCÊ FICAVA DE SACO CHEIO DE SER ESPREMIDA EM ESPAÇOS EXÍGUOS COM BRAÇOS SUARENTOS SENDO ESFREGADOS CONTRA VOCÊ.

LEMBRANÇA: ERA TÃO DIVERTIDO TOMAR CAFÉ E CONVERSAR COM AS AMIGAS SOBRE TODOS OS CARAS COM QUEM VOCÊ ESTAVA SAINDO E DE QUAIS VOCÊ REALMENTE GOSTAVA.

REALIDADE: VOCÊ PASSAVA PELO MENOS METADE DO TEMPO ESTRESSADA COM O COMPORTAMENTO DOS SUJEITOS E COM O QUE O FUTURO LHE TRARIA.

LEMBRANÇA: FOI LIBERTADOR ASSINAR O CONTRATO DO FINANCIAMENTO DO SEU PRIMEIRO IMÓVEL.

REALIDADE: VOCÊ TAMBÉM TEVE DE EMITIR UM POLPUDO CHEQUE DE ENTRADA E FICOU TONTA NA HORA DE ENTREGÁ-LO AO CORRETOR.

LEMBRANÇA: TER TEMPO PARA VOCÊ MESMA NO FIM DE SEMANA ERA TÃO DIVERTIDO VOCÊ PODIA SIMPLESMENTE CHEGAR EM CASA, TOMAR BANHO, FAZER AS UNHAS E ASSISTIR À TEVÊ.

REALIDADE: ÀS VEZES VOCÊ FICAVA MORTA DE TÉDIO E SAÍA PARA FAZER LONGAS CAMINHADAS SÓ PARA TER O QUE FAZER.

LEMBRANÇA: SAIR COM UM MONTE DE CARAS ERA O MAIOR BARATO. O FUTURO ERA CHEIO DE PROMESSAS E ISSO ERA MUITO ANIMADOR.

REALIDADE: DE VEZ EM QUANDO VOCÊ TINHA A SENSAÇÃO DE QUE IA CAIR DURINHA SE TIVESSE DE IR A MAIS UM DAQUELES ENCONTROS DOLOROSOS.

A vida de uma mulher solteira é obviamente uma experiência extraordinária, cheia de emoções e possibilidades. É uma época em que você persegue seus próprios objetivos e necessidades sem se preocupar com os de mais ninguém. Ainda assim, é importante se lembrar de que também era difícil de muitas maneiras. Cada fase da vida apresenta uma nova série de desafios.

> Não confie na sua memória; trata-se de uma rede esburacada; as mais lindas recompensas passam direto por ela.
>
> GEORGES DUHAMEL

Os principais ganhos

Ao escolher assumir um compromisso num relacionamento, você não está deixando para trás toda a vida que conheceu um dia. Está ganhando uma nova existência. Está pegando as coisas que você ama na sua vida de solteira e construindo, em cima delas, novas lembranças, habilidades e experiências. Se o cara que você escolher for certo para você, acolherá as pessoas que

OU CASA OU VAZA

fazem parte do seu passado, as histórias de que você se recorda e as partes da sua personalidade que foram definidas nos tempos de solteira. Você não terá a sensação de que essas coisas importantes estão perdidas para sempre porque você as está compartilhando com a pessoa que ama.

O outro lado do medo

À medida que você for destrinchando muitos dos desafios da vida junto com seu namorado, verá que muitas das coisas que temia perder – a independência, as oportunidades profissionais, a privacidade, os amigos – na verdade não desaparecem. Na verdade, agora você pode escolher se quer ou não fazer delas uma prioridade, ao mesmo tempo em que novas coisas passam a ser importantes para você. De muitas maneiras, você ainda é o seu eu solteiro, mas também tem seu papel de namorada e aprecia essas duas partes da sua vida por motivos diferentes.

Independência com amortecimento

Quando você assume um compromisso num relacionamento, ainda pode fazer suas coisas, dizer o que pensa e pagar as próprias contas sempre que desejar. Só que agora você tem alguém com quem contar naqueles momentos em que não estiver com vontade de ser autosuficiente. O homem certo está bem ali, à sua disposição, para quando você precisar dele, mas ele não a *faz* precisar dele. Você tem o poder de escolher quando ser o seu eu atrevido e quando pedir o apoio do parceiro. E não se esqueça de que é você quem escolhe estar no relacionamento e que essa escolha em si a deixará ainda mais poderosa. Você é a única pessoa que guia sua vida na direção que deseja que ela vá.

Gente nova

Quando você assume um compromisso num relacionamento, as pessoas que um dia conheceu não desaparecem. Você ainda pode fazer uma forcinha para sair com os amigos, para passar algum tempo com a família e fazer todas as coisas divertidas que costumava fazer. Mas talvez você descubra que, em alguns casos, simplesmente não tem mais vontade de fazer as mesmas coisas. Da mesma forma que superamos determinados amigos quando deixamos o ensino médio ou a faculdade, aquilo que buscamos nos amigos se transforma à medida que ficamos mais velhos. Alguns dos seus amigos ficarão ao seu lado por toda a vida e se encaixarão, quer você seja jovem, velha, solteira, esteja namorando, casada ou divorciada. Outros amigos, porém, simplesmente não se encaixarão em sua nova realidade.

Assumir um compromisso num relacionamento também traz gente nova para a sua vida. Há a família e os amigos dele e os amigos que vocês dois irão fazendo como casal. Na verdade, você acaba tendo mais opções sociais do que tinha quando solteira, contanto que se esforce para se manter em contato com as pessoas.

Novas oportunidades

Quando você assume um compromisso num relacionamento talvez tenha de abrir mão de algumas noites passadas até tarde no escritório, mas também terá novas oportunidades de sucesso. Você terá um relacionamento e uma família nos quais se empenhar e o sucesso nessas áreas pessoais também será compensador. Se ele é o cara certo para você, apoiará suas escolhas profissionais e estará ao seu lado para buscar formas alternativas de atingir seus objetivos se as antigas já não forem viáveis. O relacionamento é uma parceria e um precisa estar disponível para ajudar o outro a ser feliz e bem-sucedido. Vocês se empenham em criar novas oportunidades um para o outro, não em destruí-las.

Novas coisas para compartilhar

Quando você assume um compromisso num relacionamento, ainda terá seu espaço pessoal e sua privacidade, mas terá a opção de abrir mão deles quando assim quiser. Se ele for o cara certo, respeitará o fato de que às vezes você precisa do próprio espaço. Mas também há muitas parcelas da sua vida que você vai querer compartilhar com ele. Você vai curtir a oportunidade de revelar algumas das suas ideias, opiniões e temores para alguém em quem confia.

Relacionamentos realmente requerem sacrifícios e concessões. Às vezes, quando temos as necessidades e a felicidade de outra pessoa para considerar, realmente precisamos abrir mão de determinadas coisas. Mas, na verdade, não estamos perdendo nada pois, para cada experiência maravilhosa que estivemos deixando para trás, uma nova tomará seu lugar.

> É a escolha, não o acaso, que determina seu destino.
>
> JEAN NIDETCH

Os perigos de fazer prognósticos

Algumas vezes, antever uma grande mudança na sua vida pode ser um pouco como ser uma criança ansiosa na última noite das férias de verão. Lembra? Você sabia o nome da professora, mas não tinha ideia de quem estava na sua turma ou como o ano se desdobraria. Você ficava deitada na cama, imaginando quem se sentaria ao seu lado ou como seria ter um ano a mais. Inevitavelmente, a maior parte do que você imaginou jamais aconteceu. O mundo no qual você entrou e as coisas pelas quais passou naquele ano foram bem diferentes daquilo que sonhou naquela última noite de verão.

Lembre-se dessa lição de quando você era criança e aplique-a à sua vida atual. Qualquer que seja o quadro que você está pintando na cabeça a respeito de como será a vida nos anos que estão por vir, ele é inevitavelmente um pouco diferente da forma com que as coisas realmente se concretizarão. Muitas das situações que você teme jamais acontecerão, mas você também enfrentará desafios com que nunca imaginou confrontar-se. Você pode achar que irá sentir falta de determinadas coisas da sua velha vida e por fim descobrir que está aliviada por elas terem tido um ponto final.

Da mesma forma, algum dia você poderá se recordar com carinho de coisas das quais não se lembra nesse mo-

OU CASA OU VAZA

mento. Assim, não dá para tomar uma decisão precisa sobre seu cara com base em elucubrações e preocupações. Só é possível tomar a melhor decisão com base nas informações que você tem hoje.

Novos rituais

Talvez você se alegre ao dizer adeus a vários dos rituais que tinha como mulher solteira, mas também irá acolher novos rituais de namorada. Coisas como:

Velho ritual: VOCÊ COSTUMAVA COMER UM POTE INTEIRO DE SORVETE ENQUANTO ASSISTIA A UM FILME DE MULHERZINHA.

Novo ritual: VOCÊ ESCONDE O SORVETE POR TRÁS DA BANDEJA DE GELO PARA QUE ELE NÃO O ENCONTRE. AÍ VOCÊ VAI PEGANDO COLHERADINHAS ENQUANTO ELE ESTÁ NO CHUVEIRO.

Velho ritual: VOCÊ COSTUMAVA COMPRAR UM XAMPU ESPECIAL PARA USAR AN-TES DE UM ENCONTRO.

Novo ritual: VOCÊ COMPRA DOIS XAMPUS, UM DE BOA QUALIDADE PARA VOCÊ E UM MAIS BÁSICO PORQUE OS CABELOS DELE NÃO PRECISAM DAQUELE BRILHO EXTRA.

Velho ritual: VOCÊ COSTUMAVA COLOCAR MÚSICA DE DIVAS E DE MULHERZINHA PARA TOCAR NO VOLUME MÁXIMO ANTES DE SAIR PARA A BALADA.

Novo ritual: VOCÊ COLOCA MÚSICA DE DIVAS E DE MULHERZINHA PARA TOCAR NO VOLUME MÁXIMO QUANDO QUER QUE ELE SAIA PARA DAR UMA VOLTA.

Velho ritual: VOCÊ COSTUMAVA COMPRAR CAMISOLAS SEXY PARA O CASO DO SEU NAMORADO DORMIR NA SUA CASA.

Novo ritual: VOCÊ MANTÉM UMA COLEÇÃO DE CAMISETAS E CUECAS SAMBA-CANÇÃO EM DIA PARA NUNCA FICAR SEM ROUPAS DE DORMIR.

OU CASA OU VAZA

Velho ritual: VOCÊ RASPAVA AS PERNAS TODOS OS DIAS.

Novo ritual: VOCÊ RASPA AS PERNAS A SECO UMA VEZ POR SEMANA PORQUE, ORA BOLAS, ESTÁ MAIS DO QUE BOM.

● ●

Atingindo o equilíbrio

Nem sempre é fácil encontrar o equilíbrio entre "eu" e "nós" num relacionamento. Mas, se esse equilíbrio é importante para os dois, vocês podem encontrar formas de atingi-lo. Assim, o primeiro passo a ser dado é assegurar-se que ele deseja o mesmo. Ele também valoriza a "vida de solteiro"? Ele encara o relacionamento de vocês como uma chance de fundir o novo com o antigo? Ele encara a relação como uma oportunidade de construir uma nova vida juntos além da que cada um de vocês criou como indivíduo e não como substituta das experiências anteriores? Se vocês compartilharem essas metas para o futuro, serão capazes de alcançá-las. Para atingirem um equilíbrio na vida, lembrem-se de fazer o seguinte:

- CRIEM SUAS PRÓPRIAS TRADIÇÕES. Vocês dois trazem seus próprios costumes e tradições pessoais favoritos. Não é preciso escolher entre os modos dele e os seus. Vocês podem criar uma nova forma de fazer as coisas que unam as melhores partes do mundo de ambos.
- CONTINUEM A PRATICAR AS SUAS PRÓPRIAS ATIVIDADES DE MANEIRA INDEPENDENTE. O relacionamento será mais forte se cada um mantiver os próprios interesses externos. Então, quando estiverem juntos, sempre terão algo de novo e interessante para conversar além de discutirem os interesses em comum.

- MANTENHAM OS AMIGOS NAS SUAS VIDAS. Se esperar que ele satisfaça todas as suas necessidades, o tempo todo, você se desapontará. E você, certamente, não poderá satisfazer todas as dele. Ambos precisam ter muita gente na vida. Quando ele não puder escutá-la, uma amiga tomará o seu lugar. Da mesma maneira, quando você não conseguir compreender os dilemas masculinos de seu namorado, ele terá outros caras com quem compartilhá-los.
- CRIE FUGAS PESSOAIS. Vocês precisam passar algum tempo sozinhos e se negligenciarem essa necessidade, se sentirão claustrofóbicos no relacionamento. Uma fuga pessoal não precisa ser um local longínquo. Pode ser uma atividade como a leitura ou tempo para escrever no seu diário.
- CONVERSEM. Não há nada mais importante do que compartilhar sentimentos e preocupações um com o outro. Quando vocês discutem um problema juntos, encontram soluções novas que não lhe teriam ocorrido sozinhos. Se vocês não conseguem conversar abertamente sobre o que é importante para vocês, o relacionamento não conseguirá sobreviver.
- CONVERSEM COM OUTRAS PESSOAS QUE COMPARTILHAM A MESMA SITUAÇÃO QUE VOCÊS. Lembre-se de conversar com outras mulheres sobre como você se sente a respeito de deixar seu eu solteiro para trás e compartilhe os seus temores sobre o futuro. Você ficará aliviada em saber que elas se sentem da mesma forma. Elas lhe oferecerão uma nova perspectiva e formas de vencer seus receios e seguir em frente.

Mulheres falam de mudanças

Mulheres de todos os lugares têm sentimentos complexos quando estão pensando em assumir um compromisso mais sério com um cara. Mas muitas mulheres que já passaram por essa experiência confessaram que seus medos eram infundados e que ficam felizes por terem dado esse passo.

- "Houve momentos em que tive a sensação de que estava perdendo alguma coisa por não estar na balada com minhas amigas solteiras. Mas, em algum momento, me dei conta de que o mundo que eu conhecia quando era solteira não existia mais. Todas nós havíamos evoluído." – Keri, 31 anos.
- "Perdi o sono inúmeras vezes, preocupada com como equilibrar minhas ambições profissionais com uma família. Acabou sendo mais fácil do que eu achava. Quando tivemos filhos, meu marido compreendeu meus anseios e me ajudou de todas as formas. Quando pensamos juntos, foram pipocando soluções que nunca nem havíamos imaginado." – Mia, 44 anos.
- "Sempre achei que seria absolutamente impossível viver com um cara, tê-lo ali o tempo todo, todo dia. Mas agora que ele vive comigo, tenho a sensação de que o

maior problema é não estar com ele o bastante." – Noreen, 32 anos.

- "Eu me senti muito nervosa sobre me casar, mas no nosso primeiro aniversário de casamento, eu já não conseguia me lembrar como era minha vida quando era solteira. Simplesmente parecia que ele sempre havia feito parte do meu mundo." – Jessica, 35 anos.

• •

É normal sentir-se um pouco estranha quando você parar para pensar em assumir um compromisso de verdade com o homem da sua vida. Não há como não se perguntar como sua vida irá mudar e se você vai ficar feliz com essas mudanças. Mas lembre-se de que você tem controle sobre seu futuro e que pode fazer do seu relacionamento o que desejar. Você não precisa dizer adeus a tudo o que era importante para você quando estava solteira. Pode trazer muitas partes desse eu solteiro junto com você. E o cara certo haverá de apreciar essa parte de você. E irá acrescentar uma nova dimensão à vida que você já conhece.

Capítulo 8

O caimento perfeito

Uma vez que você já tiver determinado que o seu cara possui características importantes como honestidade, paciência e lealdade, e que compartilha os seus interesses, estamos a caminho de declará-lo digno do seu dedo anular.

Não obstante, olhando ao redor, você verá que conhece outros caras que também possuem tais qualidades. Então, é preciso perguntar: "Em que difere o meu cara do resto?" Por que *ele* e não outro homem no mundo que também se encaixe nesses critérios? A resposta é simples: ele tem o caimento perfeito para você.

E o que vem a ser um "caimento"? Tem gente que chama de amizade e tem gente que chama de

OU CASA OU VAZA

conexão. Trata-se de um elemento que pode ser difícil de descrever, embora não tenha de ser. Afinal de contas, todos nós já experimentamos o conceito de "caimento". Pense em ir ao shopping comprar jeans. Você alguma vez já entrou no provador com cinco pares de calças maneiríssimas e super na moda, experimentou todas e descobriu que nenhuma a deixava satisfeita? Mas, por fim – às vezes quando não estava nem procurando mais por jeans – você encontra um par que ficava simplesmente divino e era extremamente confortável. Dito de maneira simplista, isso é ter um caimento perfeito. Ela não fica colada ao corpo, nem fica larga demais. Apenas a completa de todas as maneiras.

Da mesma forma, quando um sujeito cai bem em você, você tem a sensação de que ele possui alguma coisa de especial que a faz feliz. Nem sempre é fácil colocar em palavras essa coisa especial, mas você pode tentar. Pense em ir ao shopping atrás de um cara. Está certo, não dá para realmente ir às compras atrás de um cara, mas pense nas vezes em que você saiu com homens diferentes e embora todos fossem perfeitamente agradáveis, por algum motivo, você teve a sensação de que simplesmente não eram certos para você. O papo estava ótimo e eles lhe pareceram inteligentes, mas faltava aquele algo mais. Então, você conheceu o seu cara e ele a fez rir e se sentir à vontade. Você achou fácil conversar com ele, um pouco como quando a gente conhece um grande amigo. Pois então, o caimento dele era perfeito. Ou, quem sabe, você não teve essa sensação e ele não tinha o caimento perfeito? Pense em como vocês se relacionam quando estão juntos e decida se ele cai ou não em você como uma luva.

O par preferido

Para decidir se o seu cara cai ou não cai bem em você, pense um pouquinho mais no seu jeans favorito. O que o torna o seu favorito? Você se sente bem sobre quem é quando está com ele, não é mesmo? Ele não é apenas um par que você escolhe para uma noite em especial – ele funciona para uma variedade de ocasiões. O mesmo se aplica a um cara que lhe cai bem. Você não está com ele agora para o tempo passar mais rápido ou para ter companhia para um evento importante. Quando a vida muda ou você muda, o cara certo ainda tem a ver com você. E a melhor parte é que, enquanto o seu jeans favorito talvez comece a ficar gasto, o seu relacionamento com o seu cara favorito só melhora com a idade. Vocês têm mais do que uma ligação superficial. Pense nesses importantes elementos de caimento e avalie se o seu cara os tem ou não.

Diversão e felicidade

Você se diverte com o seu cara? Ele a faz rir? Vocês compartilham o mesmo senso de humor? Vocês se divertem juntos mesmo quando não estão fazendo nada de emocionante, quando os dois estão sentados numa sala, simplesmente lendo revista? Existe um certo clima de zombaria entre vocês, um grau de divertimento que permeia suas interações e que os faça curtir a vida juntos?

Em algum momento você precisa deixar todas as questões e perguntas sérias de lado e se perguntar, de forma muito direta:

OU CASA OU VAZA

"Eu me divirto a valer quando estou com esse cara? Jantar com ele é mais legal porque ele conversa sobre assuntos interessantes e sabe me fazer rir?" De certa forma, essas perguntas são totalmente superficiais. Mas você precisa achá-lo divertido se vai passar a vida com ele. Você precisa ansiar por vê-lo, por passar tempo ao lado dele se vocês vão morar debaixo do mesmo teto. Em outras palavras, ele é pelo menos tão divertido quanto o seu programa de tevê favorito? Ele está um passo à frente do seu cachorro? Se não está, por que lhe passaria pela cabeça viver ao lado desse sujeito? Você precisa se divertir com esse cara ou ele não tem um bom caimento. Você sabe que ele lhe cai bem nesse quesito se:

- Sua reação instintiva a essas perguntas for: "É claro que ele é divertido! Sim, ele me faz feliz." Você não teve de pensar a respeito nem por um minuto.
- Você passa muito tempo rindo quando está com ele (e não rindo dele).
- Você anseia por vê-lo a maior parte do tempo. Uma noite é melhor, um passeio de carro é melhor e a própria vida é melhor quando ele está com você.
- Você passa menos tempo reclamando da vida junto a amigos e parentes agora que está com ele e mais tempo lhes contando como ele é fantástico.
- Quando você está esperando por ele num banco de praça e ele vem caminhando na sua direção, assim que o rosto dele entra no seu campo de visão, lá longe, você sorri.

> O verdadeiro teste de amizade é este: você consegue não fazer, literalmente, coisa alguma com a outra pessoa? Vocês conseguem desfrutar dos momentos da vida que são completamente simples?
>
> EUGENE KENNEDY

A verdadeira você

Você é a *verdadeira* você quando está com o seu cara? Em outras palavras, você consegue se abrir e ser você mesma, mostrar seu lado doce e seu lado queixoso, e ser aberta com relação às suas opiniões? Lembre-se de que gostamos do nosso jeans favorito porque ele cai bem no corpo que temos hoje, nos deixando à vontade. O seu cara tem de cair bem em você agora. Você precisa sentir que ele foi feito para você e que você pode ser quem realmente é quando ele está por perto. Ele lhe cai bem se:

- Você se sente bem lhe dizendo a sua opinião com relação a uma questão política mesmo sabendo que ele não concorda.
- Ele não está nem aí para o que você vestir, contanto que você se sinta bem.
- Ele aprecia as pequenas idiossincrasias que a tornam única, como o jeito que você canta Sinatra quando está no chuveiro ou a maneira que dança enquanto coloca a louça na lavadora.
- Você pode chorar quando quer chorar, comer quando quer comer e dormir quando quer dormir. Você não se sente pressionada por ele para agir de uma determinada maneira.

Realçando seus ativos

Quando você entrar num relacionamento, já deve se sentir bem sobre quem é e sobre sua vida. Não deve esperar que ele a satisfaça ou a torne uma pessoa mais confiante. No entanto, ele ainda deverá realçar os ativos que você já construiu sozinha, assim como um bom par de jeans só deixam seu corpaço ainda mais bonito.

Ele traz à tona o que você tem de melhor? Um torna o outro uma pessoa ainda mais forte e completa? Ele deve:

- Oferecer-lhe *aquele* empurrãozinho quando você está para baixo.
- Fazê-la tão feliz que você sente vontade de ser mais simpática e paciente com todo mundo que a cerca.
- Proporcionar-lhe energia renovada para perseguir seus objetivos.
- Proporcionar-lhe novas oportunidades para mostrar seu lado afetuoso e atencioso.
- Ser mais presente quando você perder o passo; por exemplo, ser a voz da razão se você for uma compradora impulsiva.
- Apontar seus pontos fortes e lhe lembrar que eles estão ali quando você se esquecer.

> Talvez as sensações que experimentamos quando estamos apaixonados representem nosso estado normal. A paixão mostra a uma pessoa quem ela deveria ser.
>
> ANTON CHEKHOV

As pequenas coisas

Seu par favorito de jeans talvez tenha pespontos incríveis ou o tom perfeito de azul. Talvez sejam rasgados de uma determinada forma ou tenham um bordado único nos bolsos. Seu cara também deve ter pequenas coisas a seu respeito que você ame. Esses hábitos ou características talvez não sejam óbvios para nenhuma pessoa no mundo. Você consegue pensar em coisas únicas a ele que você acha adoráveis ou engraçadas, coisinhas que outro cara jamais conseguiria reproduzir? Elas poderiam incluir o seguinte:

- Ele só bebe margaritas de morango quando vocês dois estão juntos e faz você jurar (sob pena de ficar de mal, separando os dedos mindinhos e todo o resto) não contar aos amigos dele.
- Ele insiste em cantarolar "Vogue" e fingir que está na passarela toda vez que experimenta uma camisa nova.
- Ele faz biquinho para conseguir o que quer – e o seu coração derrete.
- Ele tem a capacidade única de colocar seus problemas em perspectiva.
- Ele adora se deitar encolhidinho ao lado do seu gato.
- Ele já dançou pela casa com o seu sutiã na cabeça só para chamar a sua atenção.
- Ele faz imitações simplesmente hilárias de todo mundo que você conhece.

Quando um cara lhe cai bem, você se sente feliz quando está com ele. Ele realça a sua vida. Isso não quer dizer que vocês não vão ter discussões ou problemas. É claro que terão. Mas, na maior parte do tempo, quando você está com ele, a vida é um pouco melhor. E embora você possa destacar qualidades nele que admira, no final das contas, há mil outras pequenas coisas sobre ele que não se enquadram direitinho em nenhuma categoria específica. Não se tratam de coisas que você encontrará listadas como "sinais de que ele é o Príncipe Encantado". São hábitos únicos e características que você nota e adora.

> Em estágios diferentes das nossas vidas, os sinais de amor podem variar: dependência, atração, satisfação, preocupação, lealdade, pesar, mas, na essência, a origem é sempre a mesma. Seres humanos têm a rara capacidade de se conectarem uns com os outros, contra todas as probabilidades.
>
> MICHAEL DORRIS

Forçando um bom caimento

Seu cara realmente tem bom caimento ou você tem forçado a barra para ele lhe cair bem? Pense outra vez no seu par de jeans favorito de muito tempo atrás, aquele que já nem cabe mais. Num primeiro momento, você não quis se livrar dele, então se deitava na cama, encolhia a barriga e puxava o zíper. A seguir, fazia toda a espécie de alongamentos tentando fazê-lo ceder um pouquinho. Ou, quem sabe, você tentou perder dois quilos e mudar para fazê-lo caber. Mas, por fim, teve de dá-lo ou vendê-lo para um brechó.

Da mesma forma, se você estiver forçando o seu cara a caber, vai descobrir que simplesmente não dá. No máximo você cola uma etiqueta de "5 centavos" no sujeito e se livra dele no bazar de caridade no final do ano. Você até pode dar uma melhorada

O CAIMENTO PERFEITO

temporária no relacionamento empenhando-se um pouco mais, mas é quase impossível fazer mudanças duradouras. O "bom caimento" é uma ligação natural entre duas pessoas, não algo que possa ser criado artificialmente. Pense em como você talvez o esteja fazendo caber ou cair bem.

> Todo amor que não tem a amizade como base é como uma mansão construída sobre a areia.
>
> ELLA WHEELER WILCOX

Sinais de luta

Você lê sobre relacionamentos amorosos e se concentra nas semelhanças com a sua situação enquanto ignora as diferenças absurdas? Você faz vista grossa para os aspectos ruins do cara com quem está e exagera nos bons? Eis alguns sinais de que você está tentando fazer um cara quadrado caber num buraco redondo:

- Você passa tempo demais tentando convencer sua família e amigos de que ele é o homem certo para você.
- Você está dando um duro danado para fazê-lo mudar o jeito de se vestir, agir e falar.
- Você gosta de estar com ele quando vocês estão a sós, mas sente vergonha dele quando está com amigos ou colegas de trabalho.
- Vocês já estão fazendo terapia de casal para resolverem suas diferenças.
- Você lê livros sobre relacionamentos e pula as páginas que contêm informações que possam forçá-la a concluir que talvez ele não seja o cara certo para você.

OU CASA OU VAZA

- Você vem mudando – aparência, pontos de vista ou objetivos – para fazê-lo gostar mais de você.
- Sempre que você ouve alguém falar sobre o relacionamento terrível que tem, sente-se imediatamente aliviada porque o seu não é *tão* terrível assim.
- Sua cabeça dói de tanto analisar o relacionamento e racionalizar por que ainda está com ele.

Em todo relacionamento, há dias em que duas pessoas simplesmente não se encaixam muito bem. Se houver um diazinho, aqui e ali, em que vocês se sintam cansados um do outro ou em que você não esteja achando as piadas dele engraçadas, certamente não há nada demais nisso. Mas, se você se sente assim a maior parte do tempo, ele não é o cara certo para você. O relacionamento simplesmente não irá durar se ele não tiver o caimento perfeito.

O CAIMENTO PERFEITO

Definindo "caimento"

Embora seja difícil definir "caimento" de maneira precisa, muitas mulheres que se encontram em relacionamentos felizes reconhecem que sentem isso com o cara com quem estão. Eis o que dizem serem sinais de um bom caimento:

- "Eu estava saindo com o meu ex há mais ou menos dois meses quando ele convidou um monte de gente para uma festa na casa dele. Acabei passando a noite toda na cozinha batendo papo com um amigo dele sobre todos os assuntos do mundo. Naquele momento saquei, que meu ex não podia, de maneira alguma, ser o cara certo para mim. Eu não conseguia conversar com ele como conseguia conversar com o amigo." – Alyssa, 32 anos.

- "Meu namorado é a primeira pessoa para quem ligo quando algo emocionante acontece e a primeira pessoa com quem falo quando estou perturbada com alguma coisa. É claro que ainda tenho os meus amigos por perto e o apoio deles é importante para mim, mas curto compartilhar a minha vida com meu namorado. Tenho a sensação de que ele realmente me compreende." – Stacy, 27 anos.

- "Meu marido e eu notamos as mesmas sutilezas nos ambientes que nos cercam. Se alguém estiver usando uma roupa esquisita ou tiver um corte de cabelos

estranho, ambos notamos. Estamos de acordo com relação ao que é estranho e ao que é engraçado."
– Joanne, 38 anos.

- "Quando conheço pessoas novas, sempre sei rapidamente se gosto ou não delas. Eu não tinha certeza se o Mike era 'O Cara' quando nos conhecemos, mas sabia que ele seria um bom amigo. À medida que o tempo foi passando, me dei conta de que tínhamos a ver naturalmente e que o relacionamento parecia certo."
– Amy, 33 anos.

● ● ● ● ● ● ● ● ● ● ● ● ● ● ● ● ● ● ● ●

A regra dos 80 por cento

De vez em quando, você talvez sinta que não se encaixa muito bem com a família dele, com os amigos dele ou com outras pessoas ou circunstâncias relacionadas a ele. Talvez você não se sinta confortável com os irmãos dele ou não goste do jeito como ele decorou o apartamento. Você talvez pense: "Bem, ele até que me cai bem, mas o que dizer sobre todos esses outros elementos da vida dele que não têm lá um caimento tão bom assim? Eles não teriam de ficar bem em mim também?" Quando essa pergunta surgir, use a regra dos 80 por cento para respondê-la. Em outras palavras, se vocês estiverem tendo um problema com alguma coisa na vida dele que a afeta em mais do que 80 por cento do tempo, trata-se de uma questão importante a ser discutida. Se só a afetar de vez em quando, não é nada demais. Por exemplo:

O CAIMENTO PERFEITO

Ele se recusa a se desfazer das reproduções multicoloridas de Picasso, muito embora façam o apartamento dele parecerem um museu infantil.
A regra dos 80 por cento diz: A questão afetará você o tempo todo se vocês forem morar juntos. Assim, ou você aprende a conviver com as preferências dele ou ele aprende a gostar de um tipo de arte mais suave.

Você realmente não tolera a mãe dele. Ela a critica e lhe dá conselhos sem que peça.
A regra dos 80 por cento diz: Se ela mora na mesma rua que vocês, você a verá bem mais do que 80 por cento do tempo. Assim, você terá de discutir a questão com seu namorado e encontrar uma forma de colocar alguma distância entre vocês dois e ela. Se você a vir apenas duas ou três vezes ao ano, sorria e aguente.

Ele adora um bife e você é vegetariana. Você queria, mais do que qualquer coisa, que ele parasse de comer carne vermelha.
A regra dos 80 por cento diz: É claro que a preferência dele afetará você a maior parte do tempo se você acabar ficando com esse cara. Você vai precisar inventar pratos dos quais ambos gostem; vocês vão ter de concordar em discordar ou você vai ter de convencê-lo a fazer uma "noite do hambúrguer" com os amigos quando você não estiver por perto.

229

O irmão dele adora dormir no sofá da casa dele e, metade do tempo, não tem dinheiro, então come tudo o que tiver na geladeira.

A **regra dos 80 por cento diz:** Se o irmão dele mora perto e não há sinal de que esse comportamento vá mudar, converse com seu namorado a respeito. Se, no entanto, ele só estiver na cidade por algumas semanas antes de se mudar para o outro lado do país, deixe-o ficar até quando quiser.

Alguns dos amigos dele são como animais. Gostam de beber em excesso, todos ainda são solteiros e você não tem nada a ver com nenhum deles.

A **regra dos 80 por cento diz:** Você está namorando ele, não os amigos dele. Contanto que eles não passem cada momento em que estejam acordados na casa dele, não deveriam causar problemas para seu relacionamento. Você pode aprender a aturar os amiguinhos brucutus dele em doses homeopáticas e sentir-se grata pelo fato de ele ser o mais são e responsável do bando.

Você não precisa sentir que se encaixa perfeitamente com a família e os amigos dele. Você só precisa ter um caimento perfeito com o seu cara. Assim, não gaste energia se preocupando sobre como se sente na companhia deles. Concentre-se em se certificar de que ele lhe caia bem e que vocês possam discutir abertamente quaisquer diferenças que tenham.

Uma nota sobre a sua futura família

Se você tiver a sensação de que não se encaixa com a família dele completamente, não se preocupe. É normal. A família não é sua, então você deve mesmo esperar se sentir um pouco desconfortável de vez em quando. Se notar que a estão olhando de cima a baixo, lembre-se de que estão apenas tentando se assegurar de que você é boa o bastante para o seu doce anjinho. (Isso serve também para o caso de você estar se perguntando para que queriam aquela amostra de sangue.) Não se surpreenda se algumas coisas estranhas acontecerem quando você estiver com eles, como:

- Você contar uma piada sobre uma estranha doença do Congo e descobrir que a avó dele acaba de morrer do mal em questão.
- Não conseguir decidir se deve ajudar a mãe dele na cozinha ou simplesmente ir se esconder num armário do porão.
- Deixar cair um prato que está na família há décadas quando estiver a caminho da sala de jantar.
- Fazer uma pergunta à irmã dele sobre alguma coisa totalmente inofensiva – vida amorosa, instrução – apenas para descobrir que a família "não conversa sobre esse tipo de coisa".

- Você lhes levar bombons e todos serem alérgicos a chocolate.
- Eles rezarem antes do jantar e isso lhe causar estranheza.

Barreiras para o rompimento

Algumas mulheres permanecem presas a alguns homens devido a determinadas questões, experiências ou circunstâncias, por isso, dão um duro danado para fazer com que os namorados lhes caiam bem, muito embora isso nunca aconteça. Talvez ele as tenha ajudado a superar a morte do pai ou da mãe ou lhes deu apoio durante uma doença. Algumas vezes ele pode ter o caimento certo e essas experiências servem para solidificar o relacionamento. Mas, muitas vezes, ele não tem e os sentimentos da mulher ficam nublados por essas outras questões. Isso soa como o seu caso? Leia esta lista de barreiras comuns para um rompimento. Caso alguma delas tenha a ver com você, revire as suas emoções para decidir se ele tem mesmo o caimento certo ou se você está apenas se enganando.

Laços de família

Sua mãe o adora tanto que você morre de pavor que ela a deserde se você terminar com ele? Seus pais insistem que você se case com um judeu e ele se enquadra no perfil? Pressões familiares podem manter duas pessoas juntas até mesmo quando elas não têm um bom caimento uma para a outra. A pressão pode ser óbvia – suas irmãs não conseguem parar de falar no

O CAIMENTO PERFEITO

quanto ele é perfeito – ou sutil – e o seu pai o convidou para pescarem juntos. É óbvio que a aprovação da família não é suficiente para manter duas pessoas juntas pelo resto da vida. Pressões familiares podem estar levando a melhor de você se:

- Seus pais sugerirem sutilmente que você "fique com seu namorado porque ele é [inserir origem religiosa ou étnica]."
- Sua mãe chora quando vocês brigam e grita com você por ser tão difícil.
- Você tem pesadelos sobre ter de contar à sua família e amigos que vocês dois terminaram.
- No passado, sua família a afastou de outros homens que não se enquadravam nos critérios dela.
- Sua mãe já está planejando seu imenso casamento italiano e você só está saindo com ele há alguns meses.

Circunstâncias financeiras

Vocês dependem um do outro para pagar as contas e cuidarem da casa? Vocês moram juntos e dependem financeiramente um do outro? Pressões financeiras são muito reais e, algumas vezes, difíceis de superar, mas se forem o único vínculo existente entre vocês, você jamais sentirá que ele lhe cai tão bem quanto gostaria. Isso quer dizer que, por mais difícil que seja, você precisa fazer um esforço para terminar tudo com ele e se virar sozinha.

Você está com ele devido a pressões financeiras se:

- A primeira coisa que passa pela sua cabeça quando pensa em terminar tudo é: "E onde é que eu iria morar? Como eu pagaria as prestações do carro?"

233

OU CASA OU VAZA

- Você já tentou terminar com ele, mas sempre volta porque precisa da ajuda que ele lhe dá.
- Você é quem o banca e não tem coragem de jogá-lo no olho da rua.
- Você não sabe como vai terminar os estudos sem tê-lo ao seu lado para ajudá-la a pagar o aluguel.
- Você não quer abrir mão do estilo de vida sofisticado que ele lhe proporciona.

Medo

Você se abriu com ele com relação aos seus sentimentos mais profundos e agora está apavorada que ele faça troça de você para outras pessoas se você terminar com ele? Ou ele lhe disse coisas assustadoras como: "Se você terminar comigo, eu a mato". Não dá para ter um relacionamento satisfatório baseado em táticas de terror. Qualquer tipo de ameaça é um ato de agressão e você precisa registrá-lo como ocorrência junto à polícia. Se ele a estiver ameaçando, não é só o seu relacionamento que está correndo risco. Você está no relacionamento por medo se:

- Você lhe contou seu maior segredo e tem medo de que ele conte aos seus amigos se você terminar com ele.
- Ele ameaçou machucar a si próprio, a você ou a sua família se você o deixar.
- Ele já assediou outras ex-namoradas ou ainda assedia.
- Em geral, ele tem uma personalidade explosiva e, embora não a tenha ameaçado diretamente, você tem medo dele.

Obrigação

Vocês se prometeram que jamais terminariam e agora, com o passar do tempo, você se dá conta de que vocês simplesmente não combinam? É frequente as pessoas ficarem juntas porque se sentem obrigadas. Têm medo de machucar o outro ou se sentem hipócritas por dizerem "Eu te amo" e, mais tarde, terminarem. É óbvio que um relacionamento baseado na obrigação não tem futuro. Você talvez esteja ficando com ele por obrigação se:

- Não consegue terminar com ele porque ele lhe diz todos os dias o quanto a ama.
- Ele a pediu em casamento de surpresa e você não soube como dizer não, por isso achou que deve ser "assim mesmo" e respondeu sim.
- Ele expressa o quanto gosta de você para todo mundo e você tem a sensação de que vai humilhá-lo publicamente se terminar com ele.
- Você prometeu a ele que o ajudaria a passar no exame da ordem dos advogados ou que o ajudaria a passar pela residência médica e agora sente que tem de cumprir essa promessa.

> Nada é uma perda de tempo se você utilizar a experiência sabiamente.
>
> AUGUSTE RODIN

Um grande passo

Vocês dois fizeram faculdade juntos, se formaram e mudaram-se juntos para a mesma cidade? Ou compraram uma casa juntos? Talvez vocês tenham decidido num impulso juntar tudo o

OU CASA OU VAZA

que tinham e ir morar do outro lado do país? Quando vocês investem tempo e energia para dar um grande passo juntos, isso cria um elo entre ambos que é muito difícil de ser rompido. Talvez você não conheça mais ninguém na cidade onde vivem ou racham as responsabilidades financeiras de um apartamento. É óbvio que esse tipo de elo em si não é o bastante para sustentar um relacionamento. Assim, se for a única coisa que une os dois, é hora de pular fora.

Doença ou morte de um ente querido

Ele a ajudou a passar por uma morte na família ou estava ao seu lado quando você própria adoeceu? Você estava ao lado dele durante alguma circunstância trágica pela qual ele passou? Esses tipos de experiências difíceis criam elos muito fortes entre duas pessoas. Durante um período difícil, vocês revelam o seu lado mais vulnerável um para o outro e isso os une. Mas quando a experiência chega ao fim, o conforto, a atenção e o apoio que vocês deram um para o outro não são o bastante para sustentar o relacionamento eternamente. Vocês também precisam se encaixar de outras maneiras. Precisam se divertir na companhia um do outro, rir juntos e sentir que o relacionamento é adequado numa série de níveis.

É comum sentir-se confusa com relação aos seus sentimentos por um cara se qualquer um desses fatores os estiverem mantendo juntos. Essas questões e experiências servem de barreira para o rompimento. Elas os fazem insistir, muito embora vocês saibam, bem lá no fundo, que deveriam terminar. Outras barreiras menos significativas também podem fa-

236

zer mulheres ficarem com um cara por mais tempo do que deviam – um astrólogo ou médium diz que ele é "*O* Cara" ou então ele tem um sobrenome bacana ou as festas de final de ano estão se aproximando e você não quer passá-las sozinha. O resumo da ópera é que nenhum desses motivos é bom o suficiente para você ficar com o seu cara. Tem de haver algo mais se você quiser sustentar um relacionamento a longo prazo. Vocês têm de ter um caimento especial que faça com que os dois fiquem felizes por estar juntos.

Pequenos testes

Ele tem o caimento certo? Faça-se as seguintes perguntas:

- Se a minha irmã, ou melhor amiga, estivesse neste relacionamento, o que será que eu lhe aconselharia?
- Se eu me mudasse para outra cidade com ele e me visse lá sozinha – sem amigos, sem família, sem trabalho –, o comportamento ou os modos dele me fariam feliz ou eu me sentiria só?
- Se eu apresentasse os fatos para um júri de pessoas imparciais, este decidiria que eu deveria ficar com ele ou que o melhor seria seguir com a minha vida?
- Eu ainda o amaria se ele perdesse todo o cabelo? Ou preciso me controlar para não arrancar todos aqueles pelos do corpo dele com silver tape?

Acomodação *versus* questionamento

Para a maioria das mulheres que possui algum discernimento, acomodar-se ao lado do cara errado é uma perspectiva tão atraente quanto passar uma noite num rali de *monster trucks* quando o que você realmente queria era estar numa festa da Chanel depois de um desfile. Você se acomodou no seu relacionamento? Está aceitando algo diferente, apesar do fato de não estar completamente satisfeita? Se você sabe, bem lá no fundo, que o seu cara não tem um caimento perfeito para você, mas escolhe se comprometer com ele ainda assim, você está se acomodando. Se você está abrindo mão de alguma coisa não-negociável, uma daquelas qualidades fundamentais das quais você sabe que precisa, está se acomodando.

Ele não precisa ser perfeito em todos os aspectos. O objetivo é sentir-se satisfeita, não mimada. Em outras palavras, você não precisa se sentir feliz com o seu cara o tempo todo, só a maior parte do tempo. Você precisa ficar satisfeita pelo fato de que, na maior parte dos aspectos que são importantes para você, ele se adéque aos seus padrões.

> É preciso muita coragem para deixar de lado o que nos é familiar e aparentemente seguro para abraçar o novo. Mas não existe segurança de verdade naquilo que já não é significativo. Existe mais segurança no que é arriscado e emocionante, pois no movimento existe vida e na mudança existe poder.
>
> ALAN COHEN

O CAIMENTO PERFEITO

É muito normal fazer perguntas antes de assumir um compromisso com alguém e questionar não é o mesmo que se acomodar. Você não compraria um apartamento ou uma casa sem fazer perguntas e contratar profissionais para inspecionar o que você está prestes a comprar. Você não compraria um carro sem que ele possuísse todos os opcionais que você deseja. Quando você tem perguntas sobre o seu cara, existem questões em aberto que os dois precisam debater e discutir. Quando você se acomoda, a resposta é definitiva e você não gosta dela, mas escolhe ignorá-la. Assegure-se de que você compreende a diferença entre se acomodar e questionar.

QUESTIONAR: Às vezes, você o acha fisicamente atraente, às vezes, não. Você se pergunta se ele realmente é gato o suficiente para você.

ACOMODAR-SE: Você não o acha nem um pouco atraente, mas como ele ganha muito bem, você topa fazer uma tentativa.

QUESTIONAR: De vez em quando ele se mostra tão envolvido com o trabalho que você se pergunta se, no futuro, vai arranjar tempo para construir uma família.

ACOMODAR-SE: Ele lhe disse que não quer uma família e que o trabalho vem em primeiro lugar. Você assume um compromisso com ele mesmo assim e tenta ignorar as diferenças gritantes entre os planos dos dois.

QUESTIONAR: Ele tem preguiça de realizar as tarefas da casa e você, volta e meia, tem de pegar no pé dele para lavar a louça. Você se pergunta se consegue conviver com isso.

ACOMODAR-SE: Ele é preguiçoso com relação a tudo e você não tolera isso, mas assume um compromisso com ele de qualquer jeito porque tem medo de não achar ninguém melhor.

239

OU CASA OU VAZA

QUESTIONAR: ELE OLHA COBIÇOSAMENTE PARA OUTRAS MULHERES E, ÀS VEZES, ISSO A DEIXA MAGOADA. VOCÊ SE PERGUNTA SE ELE PARARIA SE VOCÊ CONVERSASSE COM ELE.

ACOMODAR-SE: ELE JÁ A TRAIU E DEIXOU CLARO QUE ESTÁ NO DIREITO DELE AO OLHAR COM COBIÇA PARA O SEXO OPOSTO. VOCÊ SE CONVENCE DE QUE TODOS OS HOMENS SÃO ASSIM E, ENTÃO, ASSUME UM COMPROMISSO MAIS SÉRIO DE QUALQUER JEITO.

QUESTIONAR: VOCÊ SEGUE SUA RELIGIÃO COM RIGOR E ELE É UM POUCO MAIS PROGRESSISTA NO QUE DIZ RESPEITO À FÉ. VOCÊ SE PERGUNTA SE ESSAS DIFERENÇAS VÃO CONSTITUIR UM PROBLEMA MAIS SÉRIO EM ALGUM PONTO DO RELACIONAMENTO.

ACOMODAR-SE: ELE FAZ TROÇA DAS SUAS CRENÇAS RELIGIOSAS, MUITO EMBORA ELAS SEJAM IMPORTANTES PARA VOCÊ. VOCÊ DECIDE QUE PRATICARÁ SUA RELIGIÃO SOZINHA E QUE NÃO O INCOMODARÁ COM NENHUMA QUESTÃO ESPIRITUAL.

Quando você questiona seu namorado, sabe que existem coisas nele que não são perfeitas. Você se pergunta: "Eu consigo aceitar as diferenças que existem entre nós? Ele é o cara certo para mim?" Você explora as respostas e decide se consegue ou não conviver com elas. Quando você se acomoda, já sabe as respostas e não gosta delas, mas decide assumir um compromisso com ele mesmo assim. Você aceita o fato de ele não ter um bom caimento em você e se resigna a uma vida que não é o que gostaria que fosse.

É óbvio que é importante não se conformar em ficar ao lado de um cara que não é certo para você. Assim, use as diretrizes expostas neste capítulo para ajudá-la a decidir se o seu namorado lhe cai bem ou não. Ele a deixa feliz? Torna sua vida melhor? Essas perguntas podem lhe soar óbvias, mas muitas mulheres passam anos ao lado de homens que não agregam valor às suas vidas. Não se permita ser uma dessas mulheres. Avalie seu cara objetivamente e certifique-se de que ele lhe cai bem antes de dar o próximo passo.

Capítulo 9

O tipo que assume compromissos

A essa altura, você já deve ter sacado que decidir se um cara é ou não certo para você não é tarefa fácil. Você pode chegar a essa conclusão apenas depois de perguntar e responder às perguntas corretas e analisar seus sentimentos mais complexos sobre o lugar dele na sua vida. Se, depois de passar por todo esse processo, você tiver decidido que ele realmente é o cara certo para você, assumir um compromisso mais sério poderá ser a próxima coisa a lhe passar pela cabeça. Mas o que é que a palavra compromisso significa de fato? Embora vocês, até certo ponto, já estejam comprometidos um com o outro – vocês estão num relacionamento exclusivo, já declararam seu amor –, este capítulo se concentrará na palavra "compromisso" na sua acepção mais formal: noivado.

Seu compromisso formal e público tem início no momento em que vocês se tornam noivos. Muitos de nós, garotos e garotas, ficamos animados com a perspectiva de nos tornarmos noivos de alguém, muito embora não compreendamos realmente do que se trata. Focamos nossa concentração nos elementos tangíveis – no pedido, na aliança, na lista de casamento, no vestido – sem pensarmos com o que estamos concordando. Você pode ter certeza de que ele é o cara certo para você, mas antes de ir em frente, precisa saber o que o compromisso envolve de fato. Precisa decidir se está pronta para assumir qualquer tipo de comprometimento antes de escolher se quer assumir um especificamente com ele.

Definindo compromisso

No que você pensa quando ouve a palavra *compromisso*? A maioria de nós pensa em dedicar a vida a uma pessoa ou causa. Mas outros pensam numa definição alternativa: confinamento a uma cadeia ou instituição. Se você tem medo de compromisso, reserve alguns instantes para explorar os seus sentimentos e pense se você não está confundindo essas duas definições.

Assumir um compromisso junto a outra pessoa não deve ser uma experiência dolorosa, limitante. Na realidade, chega a ser libertadora, pois você põe abaixo as muralhas que existem à sua volta e permite que outra pessoa entre por completo no seu mundo. Vocês prometem, um para o outro, que se em-

O TIPO QUE ASSUME COMPROMISSOS

penharão juntos para superar obstáculos e permanecerem unidos. Vocês escolhem fazer parte da vida do outro muito embora vá dar trabalho e haverá momentos em que o esforço será grande. Vocês fazem essa escolha por acreditarem realmente que a recompensa de ficarem juntos será muito maior do que qualquer alívio temporário proporcionado pela desistência. Você e o seu namorado estão prontos para se comprometerem um com o outro?

Eis o que compromisso significa para algumas pessoas:

- Segundo as palavras do Dr. Tom Merrill, psicólogo clínico e forense, compromisso significa: "Eu compartilho o mesmo espaço emocional, psicológico, físico e espiritual que o meu parceiro (...) ao longo da vida. Esse espaço já não é meu para fazer com ele o que bem entender. O espaço é nosso. E não posso entulhá-lo como se fosse só meu."

- Bonnie Peltomaa, que escreve para o *Mansfield News Journal* de Ohio, diz: "O compromisso significa que mesmo quando as coisas não acontecem como queremos, ficamos juntos. Quer se tratem de doenças, demissões, uma economia lenta, o envelhecimento, nós haveremos de aguentar firme. Como nos sentimos num determinado dia não muda o nosso comprometimento um com o outro."

- Anna Pasternak, que escreve para o *The Daily Mail*, de Londres, afirma: "Só mesmo quando já amamos alguém à fria luz do dia, quando já sentimos o verdadeiro poder de sua fúria, quando presenciamos sua capacidade para o humor ou atos aleatórios de gentileza, é que realmente sabemos o que o compromisso significa."

- "Compromisso significa reagir a alguém com lealdade e amor apesar de como nos sentimos a seu respeito do ponto de vista amoroso num determinado momento." – Cadence, 29 anos.

OU CASA OU VAZA

- "Permanecer juntos mesmo quando a coisa aperta, o dinheiro fica curto, um membro da família adoece e os filhos se metem em confusão." – Christopher, 28 anos.
- "Não se trata de romance. O romance é superficial. É divertido, leve e agradável. O compromisso dá trabalho e, muitas vezes, não é nem um pouco divertido." – Sandra, 46 anos.
- "O Compromisso é dizer 'Acho que consigo' e seguir em frente mesmo quando se está tão cansado que não se quer dar um passo a mais." – Marie, 27 anos.
- "Não tem nada de diferente de quando se escolhe um emprego. Ninguém deixa o emprego porque a coisa fica difícil de vez em quando. Se você acredita que o emprego vale a pena, aguenta firme sabendo que vai aprender mais, ter mais satisfação e que só vai ser realmente bem-sucedida com muita dedicação e a longo prazo." – Bethany, 32 anos.

Quando você fica noiva, está dizendo: "Estou pronta e disposta a assumir um compromisso com você", e isso quer dizer construir uma vida com aquela pessoa até mesmo quando não for fácil. Você está reconhecendo que permanecerá fiel ao outro nos momentos de pressão e de tentação. A decisão não tem nada a ver com uma aliança, com um vestido ou com uma estampa de porcelana. Trata-se da decisão de aceitar um único parceiro pelo resto da vida. Você realmente está pronta para isso?

> Só existem duas opções com relação ao compromisso. Ou você está DENTRO ou está FORA. Não existe vida entre um e outro.
>
> PAT RILEY

Você está pronta?

Amigos, parentes, a mídia, especialistas em relacionamentos e todo o resto do mundo reconhecem como é difícil passar por um rompimento, mas raramente ouvimos dizer que assumir um compromisso e mantê-lo é ainda mais difícil. Se você tiver decidido que seu namorado não é o cara certo para você e que precisa dizer adeus a ele, faça-o. Não fique na situação achando que as coisas vão melhorar se você ficar noiva, que, de alguma forma, as coisas se tornarão mais fáceis. A verdade é que tudo só vai ficar mais difícil.

Mas, se você decidir ficar e se empenhar para que as coisas funcionem, vai precisar de cada gota de energia e otimismo que possui. Vai precisar de uma mente aberta, boa disposição e uma perspectiva positiva. Assumir um compromisso com outra pessoa é uma experiência maravilhosa e emocionante, mas é fácil demais se concentrar nas partes leves sem realmente parar para pensar na enormidade da promessa que você está fazendo. Você precisa estar 100 por cento preparada para fazer a promessa porque vai exigir toda a sua dedicação. Se alguma coisa estiver no seu caminho, impedindo que você assuma esse compromisso com entusiasmo, é preciso eliminá-la da sua vida antes que você vá em frente.

Livre-se da bagagem

A maioria de nós está familiarizada com a palavra bagagem – aquelas crenças e experiências que nos deixam temerosas

OU CASA OU VAZA

de que os nossos próprios relacionamentos não funcionarão. Talvez seus pais sejam divorciados e isso lhe tenha dado uma sensação ruim com relação ao casamento, ou talvez vários homens tenham sido babacas com você no passado e você tenha medo de que, por fim, seu cara também acabe sendo. Antes de assumir um compromisso, livre-se da sua bagagem ou pelo menos aprenda a reconhecer quando ela estiver turvando seus critérios. Se julgar seu namorado severamente por causa de uma experiência que teve no passado, não é justo com ele ou bom para o relacionamento. Você dois não sobreviverão se você levar consigo sua bagagem e acabarão brigando ou se preocupando desnecessariamente com esse assunto.

Carregando sua bagagem

Pense nas coisas que a fazem ter medo do compromisso. Sua bagagem talvez inclua:

- O medo de se divorciar um dia porque você vive lendo sobre como mais de metade dos casamentos acaba em divórcio.
- O medo de que todos os homens sejam traidores porque o marido da sua irmã a traiu.
- O medo do seu cara deixá-la se você engordar porque um dos seus ex-namorados costumava fazer essa ameaça.
- O medo de que seu cara não a respeite se você ficar emotiva, pois foi isso que sua mãe sempre lhe disse.
- O medo de não conseguir permanecer fiel a ele porque você já traiu outro namorado no passado.
- O medo de que seu cara a deixará por uma mulher mais nova porque todos os homens com quem você trabalha fizeram o mesmo.

O TIPO QUE ASSUME COMPROMISSOS

- O medo de o seu relacionamento estar fadado ao fracasso porque um artigo de uma revista que você leu diz que os jovens de hoje não têm o que é preciso para ficarem juntos pelo resto da vida.

Pensando positivo

Lembre-se de que experiências passadas não ditam seu futuro. Como no caso de qualquer outra tarefa que você empreender, você não terá sucesso a não ser que seu registro mental seja de vitória, otimismo e vontade de vencer. Assim, substitua os pensamentos negativos por positivos. Lembre-se de que:

- Casais infelizes ganham mais espaço na primeira página do que os felizes. A maioria das publicações procura histórias dramáticas, portanto tendem a gravitar na direção de narrativas sensacionalistas de rompimentos, assassinatos e calamidades.
- Você tem poder sobre o resultado dos seus relacionamentos. Conversando sobre questões importantes como dinheiro, filhos, sexo e o que o compromisso significa para os dois, vocês podem evitar muitas das armadilhas que fazem outros casais se separarem.
- Segundo artigo de Julie Baumgardner, diretora da First Things First, organização de pesquisa e defesa de direitos dedicada ao fortalecimento das famílias, a maioria dos homens se diz mais feliz após o casamento do que quando era solteira e muitos realmente anseiam por assumir um compromisso com a parceira que ama.
- Hoje, mais do que nunca, pesquisas, programas e terapias existem para ajudar casais a superarem os momentos difíceis. Vocês não estão sozinhos.
- Há exemplos, por todos os lados, de casais que deram a volta por cima e estão felizes por terem conseguido.

OU CASA OU VAZA

Medos e preocupações irracionais podem impedir que você assuma um compromisso com o otimismo e a energia necessários para fazê-lo funcionar. Lembre-se de que, embora seja fácil fixar a memória nas experiências ruins, não é preciso que seja assim. Você pode se guiar pelos exemplos positivos existentes na sua vida e se lembrar continuamente de que você e o seu namorado ficarão juntos se assim o quiserem.

Uma palavra sobre a dúvida

É importante lembrar-se de que dúvidas e preocupações não são o mesmo que bagagem. Bagagem é uma crença irracional que você traz de fora do relacionamento. É um pensamento ou um medo que não tem absolutamente nada a ver com seu relacionamento ou com seu namorado. A dúvida, por outro lado, é uma parte natural do ser humano. Suas dúvidas têm origem nas diferenças existentes entre vocês dois e na consciência de que é preciso muito empenho para resolvê-las.

Quando vocês assumirem um compromisso um com o outro, terão dúvidas. Seu compromisso é uma promessa para resistirem a elas e se amarem apesar delas. Certifique-se de que você compreende perfeitamente bem a diferença entre dúvida e bagagem:

BAGAGEM: Você sabe que sua irmã tinha dias em que não se sentia muito amorosa em relação ao marido e que acabou se divorciando dele. Agora, você teme que os próprios dias em que não se sente tão amorosa assim deem ao seu relacionamento o mesmo destino.

DÚVIDA: Há dias em que você não se sente muito amorosa com relação ao seu namorado e você teme que isso seja sinal de que ele não seja o cara certo

248

O TIPO QUE ASSUME COMPROMISSOS

PARA VOCÊ. VOCÊ SE OBRIGA A RECORDAR QUE HAVERÃO DIAS EM QUE VOCÊ NÃO SE SENTIRÁ TÃO LIGADA A ELE E QUE ISSO É NORMAL, DEVE SEGUIR EM FRENTE E TRABALHAR ESSA QUESTÃO.

BAGAGEM: SEU EX TERMINOU COM VOCÊ PORQUE NÃO QUERIA UMA MULHER TÃO AMBICIOSA. AGORA, SEU NAMORADO ANDA RECLAMANDO QUE NÃO A VÊ COM MUITA FREQUÊNCIA DEVIDO AO FATO DE VOCÊ TRABALHAR DEMAIS. VOCÊ TEM MEDO QUE ELE TAMBÉM A DEIXE.

DÚVIDA: AS QUEIXAS DO SEU NAMORADO A PREOCUPAM PORQUE VOCÊ NÃO CONSEGUE DESCOBRIR UMA FORMA DE EQUILIBRAR O RELACIONAMENTO COM A CARREIRA. VOCÊ LHE FALA DAS SUAS PREOCUPAÇÕES E OS DOIS DISCUTEM UM POUCO, MAS NO FIM DAS CONTAS ENTRAM NUM ACORDO QUE DEIXA AMBOS SATISFEITOS.

BAGAGEM: VOCÊ TEM PAVOR DE SER MAGOADA OUTRA VEZ PORQUE JÁ FOI MAGOADA INÚMERAS VEZES NO PASSADO. ASSIM, GUARDA O QUE SENTE APENAS PARA SI MESMA E SE RECUSA A COMPARTILHAR SEU VERDADEIRO EU COM SEU NAMORADO.

DÚVIDA: TODA VEZ QUE VOCÊ DIZ "EU TE AMO" PARA SEU NAMORADO, ELE DIZ ALGUMA BOBAGEM DE VOLTA. VOCÊ TEME QUE ELE NÃO A AME DE FATO. ASSIM QUE VOCÊ PENSA EM TODAS AS OUTRAS COISAS RIDÍCULAS QUE ELE FAZ PARA FAZÊ-LA RIR, SE DÁ CONTA DE QUE ESSAS REAÇÕES APENAS FAZEM PARTE DA TENTATIVA DELE DE SER O SEU COMEDIANTE PARTICULAR.

BAGAGEM: SEUS PAIS SÃO DIVORCIADOS, ENTÃO VOCÊ ESTÁ CONVENCIDA DE QUE ISSO É UMA TRADIÇÃO FAMILIAR. VOCÊ SIMPLESMENTE NÃO TEM CERTEZA DE QUE POSSUI O QUE É PRECISO PARA AGUENTAR FIRME QUANDO AS COISAS FICAREM DIFÍCEIS.

DÚVIDA: SEUS PAIS SÃO DIVORCIADOS E VOCÊ SABE QUE É PORQUE NÃO É FÁCIL MANTER UM COMPROMISSO. VOCÊ TEM LÁ AS SUAS DÚVIDAS SE TEM OU NÃO O QUE É PRECISO PARA AGUENTAR FIRME NOS MOMENTOS DIFÍCEIS, MAS JURA TENTAR AINDA ASSIM.

OU CASA OU VAZA

Você pode até supor que quando chegar a hora de assumir um compromisso simplesmente saberá que seu namorado é exatamente quem você quer para sua vida. Mas não pense que um imenso sinal verde aparecerá na sua frente mandando você ir em frente. Na verdade, o que aparece é um imenso sinal amarelo de alerta piscando na sua cara e lhe lembrando de todas as dúvidas que você possui. Reconheça que essas dúvidas são normais, mas que se você tiver a disposição e o pique para fazer o relacionamento funcionar, irá ser bem-sucedida apesar delas.

> A relação entre o compromisso e a dúvida não é, de forma alguma, antagônica. Não é a ausência de dúvidas que torna o compromisso o mais saudável possível, mas sim quando a relação existe apesar delas.
>
> ROLLO MAY

Noivando

Lembre-se de que gente que se ama e que está comprometida uma com a outra não concorda em absolutamente tudo – incluindo o timing do pedido de casamento e a forma de expressar a emoção por estar noivando. As diferenças surgirão por todos os lados durante o período de noivado e algumas vezes você se perguntará se essas diferenças são sinal de que ele não é o cara certo para você. Como em muitas outras situações que você enfrentará, passar por essas dificuldades requer fé no relacionamento, comunicação e compromisso.

250

O noivado é uma das primeiras grandes situações nas quais você irá esperar que ele queira que as coisas aconteçam da mesma maneira que você e isso, é claro, não vai acontecer. Se você é do tipo tradicional, e quer que ele a peça em casamento, prepare-se para ser flexível e para pensar positivo até mesmo quando as coisas não acontecerem exatamente conforme o planejado.

O timing dele

Caso você esteja ficando ansiosa, esperando que ele tome vergonha e a peça logo em casamento, lembre-se de que ele próprio precisa trabalhar suas próprias questões e medos pessoais. Muitos fatores podem determinar quando um cara vai pedir uma mulher em casamento e a grande maioria não está sob o seu controle. Ele tem de se sentir preparado, o que significa que precisa se ver como adulto, ter dinheiro suficiente para comprar uma aliança, elaborar quaisquer dúvidas ou preocupações que tiver e, a seguir, criar um plano e seguir em frente com o pedido. Ele também precisa ter bastante certeza de que você vai aceitar.

É inevitável que se ele demorar demais para fazer o pedido, você poderá começar a se perguntar se ele algum dia vai fazê-lo ou se, talvez, na verdade não queira nada disso.

Ou, quem sabe, seu problema seja exatamente o oposto. Você não está pronta para dizer sim e está preocupada que ele faça o pedido em breve. Algumas mulheres temem que se o cara as pedir em casamento cedo demais está desesperado ou, na verdade, não pensou bem a respeito. Existem mulheres nos dois lados da questão

OU CASA OU VAZA

de timing, então lembre-se de que se você não está morta de alegria com o timing dele, não está sozinha. O fato de suas expectativas serem diferentes das dele só é um problema de verdade se:

- Ele já tiver deixado claro que nunca vai pedi-la em casamento e você estiver em negação.
- Você já tiver deixado claro para ele que não quer que ele a peça em casamento e ele estiver em negação.
- Vocês namoram há anos, estão ficando mais velhos, ele sabe que você quer se casar e ainda não fez o pedido.
- Ele diz coisas como: "Eu quero ficar noivo... mas não de você."
- Ele for um monogamista em série, sai com mulheres durante longos períodos, fala sobre ficar noivo, mas acaba se livrando delas quando se cansa.
- Vocês nunca conversaram sobre casamento, sobre o que isso significa para vocês, sobre as suas expectativas e sobre se é ou não algo que desejam.
- Os amigos dele lhe perguntam por que você está perdendo tempo saindo com ele.
- Você notar que ele já não presta atenção em você como antigamente ou que já não a trata com o mesmo respeito e, ainda assim, tem esperança de que ele a peça em casamento.
- Pressões da sua família ou da dele estiverem influenciando o timing do pedido de maneira a deixar um ou os dois desconfortáveis.

Se vocês não concordam com o timing, é possível que também não estejam de acordo com relação à aliança, com a forma dele lhe pedir a mão e alguns dos outros detalhes. Mesmo que ele não possua algum poder mediúnico que o torne capaz de escolher a aliança perfeita para você, não significa que ele não seja o cara certo. Pegue leve com ele. Seu namorado certamente está fazendo o melhor que pode. Ser parceiro de alguém por toda vida requer flexibilidade e espírito de conciliação. Algumas dessas primeiras diferenças testarão sua capacidade nessas áreas.

As emocionantes consequências

Alguns especialistas dizem com frequência que a mulher não costuma se dar conta da enormidade do noivado até o momento em que o pedido é oficializado, enquanto os homens já tiveram de trabalhar suas questões pessoais, os medos e ansiedades e já até mesmo verbalizaram suas emoções para parentes e amigos *antes* de fazer o pedido. Está bem, talvez com isso estejam dando crédito excessivo aos rapazes, mas talvez haja uma pontinha de verdade nessa teoria.

Assim, não se surpreenda se vocês reagirem de maneira diferente ao noivado. Muitas mulheres acordam no dia seguinte sentindo-se animadas e até mesmo aliviadas. Os caras acordam e tomam café. As mulheres ligam para os amigos e para a família, enviam e-mails e avisam aos colegas de trabalho que agora é oficial. Homens recebem telefonemas dos amigos, atormentando-os sobre perderem a liberdade. Depois de passarmos anos nos perguntando se alguém realmente compra revistas de noivas, nós mesmas compramos algumas. Então começamos a planejar o casamento. Os homens começam a planejar a despedida de solteiro. Assim, espere que as reações do seu namorado sejam um pouquinho diferentes das suas.

OU CASA OU VAZA

A verdade é que muitos caras simplesmente não parecem tão animados com o noivado e com o casamento quanto as mulheres. Eis o que eles têm a dizer a respeito:

- "Amo a minha noiva com todo o coração, mas na minha lista de prioridades, o casamento não chega nem perto da escalação dos novos jogadores do meu time de futebol." – Tom, 31 anos.
- "O casamento é uma coisa dela. Todo mundo sabe disso. Minha função é ficar fora do caminho e dizer "sim" toda vez que ela fizer uma pergunta." – Chris, 35 anos.
- "Fico agradavelmente surpreso com o fato de a minha namorada não ser tão vidrada nesse negócio de noivado e casamento. As pessoas dizem que ela vai mudar, mas não acredito." – Todd, 27 anos.
- "Eu ficaria satisfeito se nós simplesmente fugíssemos. Não compreendo essa confusão toda em torno da cerimônia." – Darren, 25 anos.
- "Tem três caras no meu time de basquete que estão para se casar. Durante o treino, eles passam o tempo todo desabafando sobre a forma como suas noivas os estão levando à loucura com todo o planejamento para os casamentos." – Rob, 31 anos.
- "As mulheres definitivamente dão mais importância ao noivado do que os homens. Você nunca ouve um cara perguntar a outro como ele fez o pedido, a não ser que esteja procurando uma maneira de fazer o dele e seja preguiçoso demais para pensar em algo criativo." – Erik, 29 anos.

É claro que existem exceções a essa regra. Alguns homens ficam animados e até mesmo tomados de emoção. Há até mesmo homens que se envolvem mais com o casamento do que a mulher. Mas, supondo-se que seu namorado não seja uma exceção, você pode esperar que ele pareça menos animado do que você. Você pode se preocupar, achando que a reação nada entusiasmada dele seja sinal de que não está apaixonado por você. Mas a verdade é que muitos caras simplesmente não falam sobre esses eventos com o mesmo grau de energia que as mulheres. Parte da responsabilidade de vocês como um casal comprometido é tentar se compreender mutuamente e aceitar o fato de que nem sempre ambos reagirão às situações da mesma maneira.

Tremores e temores

Não pense que o processo de noivar é só divertimento e emoção para a mulher e pura ansiedade e apreensão para os homens. É normal ficar animada logo depois do noivado para logo em seguida voltar a enfrentar inúmeros medos e ansiedades sobre o compromisso que você está prestes a assumir. Em outras palavras, você pode pensar que a trabalheira toda chega ao fim quando você diz sim à proposta dele, mas, na verdade, está apenas começando.

O período após o noivado é uma montanha-russa de dúvidas, medos e excitação. É cheio de eventos e sensações que irão desafiar o compromisso que você assumiu repetidamente com seu cara. Com o casamento no horizonte, todos os defeitos dele vão parecer ainda maiores do que pareciam. Você se perguntará: "Será que realmente consigo viver com essa mania que ele tem? Achei que conseguiria, mas agora que é muito provável que isso aconteça, não estou bem certa. Será que eu estava enganada sobre o quanto o amo? E será que estou tomando a

OU CASA OU VAZA

decisão correta?" Você será forçada a enfrentar mais uma vez muitas das suas maiores preocupações e temores.

Grandes sacações

Outros casais comprometidos falarão de sua experiência de casados e lhes forçarão a pensar em muitos dos momentos menos glamorosos que vocês haverão de compartilhar como casal. Alguns desses pensamentos já devem ter passado pela sua cabeça, mas agora vão parecer ainda mais reais e estranhos. Você pensará em coisas como:

- Este é o homem que vai me ver ficar velha e cheia de varizes.
- Este é o cara que vai estar ao meu lado quando eu estiver pelada na sala de parto.
- Este é o cara que vai me ajudar a lidar com a morte dos meus pais.
- Este é o cara que eu vou ter de amar mesmo quando estiver com manchinhas de velhice ou se ficar completamente careca.
- Este é o cara que eu vou chamar de *meu marido*.
- Algum dia este cara e eu vamos ficar muito velhinhos – juntos.
- Este cara vai ser meu companheiro por toda a vida. Não existe mais mistério com relação a quem vai acabar ao meu lado. Preciso fazer as coisas darem certo com ele – com o emprego dele, com o contracheque dele, com a atitude dele, com os objetivos dele, com este homem que se encontra bem na minha frente.

Temores normais

Se a primeira coisa que você sentir quando ele a pedir em casamento for o mais puro pavor, então talvez você queira revisar alguns dos capítulos anteriores deste livro para se certificar de que ele é o cara certo para você. Mas, se você começar a ficar um pouco assustada com o passar de algumas semanas, é normal. Para algumas mulheres, o medo é disparado pelo dilúvio de perguntas e de parabenizações. Para outras, é ocasionado pelo chá de panelas, pela prova do vestido de noiva ou na hora de dar entrada nos papéis. Haverá momentos em que você ficará quase enjoada das muitas pressões de estar assumindo esse compromisso. Surpreendentemente, muitas mulheres passam pela mesma coisa, até mesmo as que estão casadas e felizes. Você pode esperar ter uma série de medos, alguns dos quais infundados e totalmente irracionais. Coisas como:

- "O método que ele usou para me pedir em casamento foi bom o bastante? Essa aliança é boa o bastante? Ela demonstra que realmente me ama ou estou me enganando?"
- "Eu não quero ser a sra. [inserir o sobrenome dele]. Isso me faz pensar na mãe dele. Será que isso quer dizer que posso acabar parecida com ela quando ficar mais velha?"
- "E se eu não conseguir suportar nossas brigas? A gente tem briga do cada vez mais. Brigamos sobre cada detalhe do casamento e ele diz que estou estressada. E se essas brigas forem sinal de que as coisas estão indo por água abaixo?"
- "E se ele mudar de idéia? E se ele me ligar amanhã e disser que cometeu um erro grave?"

OU CASA OU VAZA

- "E se os pais dele me detestarem? E se me sufocarem com um travesseiro enquanto eu estiver dormindo no quarto de hóspedes?"
- "E se no dia do casamento ele me disser que achou meu vestido horroroso ou fizer qualquer outra coisa que me der a sensação de que cometi um grande erro e que é muito tarde para voltar atrás?"
- "E se ele não for o cara certo para mim? Será que tem alguém melhor aí fora e se tivesse procurado só mais uma semana ou um mês, eu o teria encontrado?"
- "E se meus pais realmente o odeiam, mas não me falaram nada a respeito?"
- "Será que o fato de eu estar apavorada sobre mudar o meu nome (ou não querer damas de honra, ou não querer um casamentaço), é sinal de que não o amo de verdade? Será que estou organizando um casamento diferente porque não estou realmente dedicada a passar por todo esse processo com ele?"
- "E se eu nunca mais vir a minha mãe ou o meu pai? E se isto for o fim e eu os estiver cortando da minha vida para sempre?"
- "Será que o que aquela vidente me disse na oitava série era verdade? E se meu marido tiver uma morte trágica e eu acabar virando uma viúva pobre e desabrigada?"

Pode ter certeza de que toda mulher tem sentimentos e medos complicados sobre se casar e que eles se tornam ainda mais reais durante o noivado. Alguns desses medos são apenas produto do fato de as mulheres se casarem mais tarde hoje em dia, tendo suas próprias vidas, dinheiro, identidade e metas antes de se comprometerem com um homem. Muitas de nós temem ter de abrir mão do nosso lado independente com o casamento. O processo do compromisso formal coloca um bocado de pressão nas duas pessoas que estão vivendo o relacionamento, mas se vocês se amam e mantêm um diálogo aberto sobre como estão se sentindo, vão superar esses medos e seguirão em frente com confiança.

Superbrigas

Muitos casais contam que tiveram mais brigas depois de ficarem noivos do que tinham quando só namoravam. As novas pressões advindas do planejamento da cerimônia, ter de lidar com a família e a emoção que acompanha assumir um compromisso tão grande podem deixar os dois com vontade de fugir. Você talvez se pergunte se esses bate-bocas são sinal de que, no fim das contas, ele não seja o homem para você, mas brigas entre noivos são bastante normais. Eis o que algumas mulheres têm a dizer:

- "Eu estava tão estressada! Se fizesse uma pergunta ao Bill sobre o casamento e ele não respondesse rápido o bastante, eu gritava com ele e começava a chorar." – Anna, 31 anos.
- "Nós brigávamos sobre tudo, dos convites a quais escolas os nossos filhos frequentariam, muito embora não planejássemos ter filhos por mais cinco anos." – Samantha, 28 anos.
- "Eu chorava devido a todo aquele estresse e então ligava para a minha mãe para reclamar do John. No dia seguinte, eu era a mesma pessoinha alegre de sempre. Ela achou que eu estava ficando doida." – Erica, 34 anos.
- "Nada foi pior do que quando a gente deu entrada nos documentos e tive de decidir qual seria o nome que assumiria. Acabamos tendo um bate-boca na prefeitura sobre os direitos da mulher e sobre quais seriam os nossos papéis no casamento." – Cindy, 32 anos.

OU CASA OU VAZA

- "Algo sobre estarmos noivos fez com que começássemos a nos analisar debaixo de um microscópio. A cada coisinha que eu fazia, ele dizia: 'Sabe, não vai dar para eu viver com isso para sempre'. Uma das nossas piores brigas foi sobre quem tinha deixado o creme de barbear na beirada da banheira, o que formou uma mancha de ferrugem." – Jennifer, 38 anos.
- "Nas semanas antes do casamento, eu comecei a fuxicar a internet para descobrir se as brigas que Dave e eu andávamos tendo eram normais. Fiquei aliviada em saber que muitas mulheres falavam da mesma coisa." – Theresa, 33 anos.

É nos momentos de decisão que seu destino é moldado.

ANTHONY ROBBINS

Não se esqueça...

Não se esqueça de que algumas mulheres realmente ficam noivas do cara errado e que os medos que sentem depois do noivado são muito verdadeiros e valem a pena serem ouvidos. Se você estiver sendo vítima de violência; se ele a estiver traindo; se alguém a tiver coagido a aceitar o pedido dele; ou se ele for viciado em álcool, drogas ou jogos, leve os seus medos a sério e rompa o noivado.

Tão pronta quanto você jamais estará

Jamais se esqueça de que quem tem o controle da sua vida é você e que só você tem o direito de decidir se quer ou não ficar com esse homem para sempre. Muitas vezes nos sentimos pressionadas a fazer o que não queremos pela família, amigos e pelo mundo à nossa volta. Às vezes essas pressões são sutis e nem nos damos conta de que estão nos afetando. Lembre-se, antes e depois de ficar noiva, de que você tem o controle sobre esse processo e de como ele se desenrolará. Você não precisa fazer as coisas à maneira de ninguém além da sua. Você pode adiar o noivado, o casamento ou o relacionamento como um todo se decidir que é isso o que quer fazer. Nunca é tarde demais. Fique atenta para as pressões externas que podem estar levando-a a fazer aquilo que não quer, como:

- Sua mãe lhe dizendo que você é exigente demais e que está velha para cancelar o casamento.
- Propagandas ou programas de TV que fazem as bodas e o casamento parecerem mais glamorosos do que de fato são.
- Pressões dos parentes para que seja realizado um casamento enorme para o qual o mundo inteiro será convidado.
- Seus pais lhe dizendo que ficarão envergonhados se você adiar a cerimônia.
- Suas amigas lhe dizendo como você tem sorte e como não devia desistir de uma coisa tão boa.
- Laços financeiros ou outros do tipo entre vocês dois.
- Histórias de gente que não é feliz solteira.
- Os anúncios de noivado e casamento de amigos e colegas da época de escola.

OU CASA OU VAZA

- Sua própria linha do tempo artificial que indica quando as coisas "devem acontecer".

Assumir um compromisso com o cara que você ama é uma decisão enorme, algo que você precisa decidir sozinha. Você e seu namorado precisam se dedicar inteiramente a fazer o relacionamento durar sob quaisquer circunstâncias. Se não o fizerem, não sobreviverão aos inevitáveis desafios que se apresentarão. Mas se persistirem, terão uma experiência de satisfação e companheirismo muito maior do que qualquer relacionamento de curto prazo pode proporcionar.

> Minha experiência sugere que a intimidade tem dois componentes: RISCO e COMPROMISSO.. Tanto o risco quanto o compromisso exigem decisões.
>
> VICTOR L. BROWN JR.

Capítulo 10

Vá em frente...

MOSTRE ESSE DEDO

Quando éramos crianças, imaginávamos que um dia cresceríamos, conheceríamos "*O* Cara" e viveríamos felizes para sempre. Mas, depois de namorarmos por algum tempo, descobrimos que "*O* Cara" na verdade quer dizer "*O* Cara que me leva à loucura" ou "*O* Cara que assovia dentro do carro até eu querer estrangulá-lo". Ele não é o ser perfeito que a gente esperava que fosse. É uma pessoa repleta de fortalezas e fraquezas, defeitos e pequenas adoráveis idiossincrasias. Essa falibilidade é um dos motivos pelo qual nós o amamos tanto.

OU CASA OU VAZA

Enquanto você estiver namorando um cara, vai se perguntar repetidamente qual é o lugar que ele deve ocupar na sua vida. Você o avaliará com olhos críticos e imaginará como seu futuro seria ao lado dele. Algumas vezes você pode se sentir mais confortável quando não sabe se está apaixonada ou doida de vontade de largá-lo. Se não fizer uma dessas escolhas, ainda tem a liberdade de sonhar e o conforto e a felicidade de tê-lo ao seu lado. Mas não dá para ter as duas coisas para sempre. Em algum momento você terá de tomar uma decisão. Vai precisar aceitar todas as respostas as que chegou e se sentir em paz com as que não encontrou. Vai precisar decidir, de uma vez por todas, se está melhor solteira ou casada – com ele.

As primeiras coisas primeiro

Você já estudou seu relacionamento, respondeu a todas as perguntas e decidiu que ele simplesmente não é o homem certo para você? Se esse é o caso, você tem uma imensa tarefa à sua frente: cancelar tudo. Por mais difícil que sua decisão possa ser, tente sentir-se bem a respeito dela ou pelo menos saiba que um dia você vai se sentir aliviada. Embora não exista nenhuma fórmula para determinar se um homem é ou não "O Cara", em geral é fácil saber que ele não é. O problema é que a maioria das mulheres percebe isso tarde demais. Permanecem no relacionamento muito mais tempo do que deveriam e acabam tomando a decisão final depois de já estarem num casamento complicado. Assim, sinta-se orgulhosa de si mesma.

Você determinou os seus próprios padrões e está se assegurando de que os homens que namora se encaixem neles. Se precisar de confirmação de que sua decisão está correta, mantenha as seguintes afirmações em mente:

Ele não vai mudar

Ele pode até concordar em discutir os problemas ou até mesmo fazer terapia, mas, no final, simplesmente não vai mudar quase nada, se é que irá mudar alguma coisa. Daqui a trinta, quarenta anos, ele ainda vai ser do jeitinho que é hoje. As coisas sobre as quais vocês brigam atualmente vão continuar lá quando estiverem velhos e grisalhos. Assim, você só tem duas escolhas: fique com ele do jeito que ele é, ou não fique.

A culpa não é sua

Duas pessoas, às vezes, são totalmente maravilhosas quando separadas, mas horríveis juntas. A culpa não é sua se o relacionamento não funciona. Você não pode forçá-lo a funcionar e não pode fazer o cara lhe cair bem se ele não tem o caimento perfeito para você. Não dá para torná-lo mais próximo ou fazê-lo amá-la mais mudando a si mesma, sua vida ou seus sonhos. A única coisa que você pode fazer é afastar-se dele e ficar livre para conhecer gente que tenha a ver com sua vida e que a faça feliz.

Não foi uma perda de tempo

Mesmo que vocês tenham namorado cinco ou dez anos, não foi em vão. Cada relacionamento e cada experiência de vida nos ensinam uma lição que fica conosco para sempre. Mesmo que não consiga enxergar o que aprendeu agora, algum dia os benefícios do que você passou serão óbvios.

Termine em definitivo

Depois que ele se for, haverá momentos em que você vai achar que o quer de volta. Você poderá até mesmo esquecer que ele não é o cara certo para você depois de passar algum tempo longe dele. Faça uma lista dos motivos pelos quais ele não serve para você. Estude-a toda vez que se sentir tentada a contatá-lo outra vez. Termine com ele em definitivo e toque sua vida adiante.

Mantenha-se ocupada

Uma das coisas mais difíceis sobre terminar com um cara é preencher o tempo que ele ocupava na sua vida. Mantenha-se ocupada com os amigos. Participe de atividades e vá a lugares que não a fazem pensar nele. Quanto mais ocupada você se mantiver, mais rapidamente superará o relacionamento e se dará conta de que tomou a decisão certa.

VÁ EM FRENTE...

Mantenha os olhos no futuro

Quando você disser adeus para ele, é possível que tenha a sensação de que nunca mais irá namorar ninguém. Talvez se sinta extenuada, cansada e até mesmo um pouco mais velha. Mas lembre-se de que nunca é tarde para começar outra vez e você irá, sim, recobrar as energias. Uma vez que você recuperar a garra, ficará completamente claro que seguir em frente foi a melhor decisão.

O cara para toda a vida

Você estudou seu relacionamento, respondeu todas as perguntas e decidiu que acha que ele é "*O* Cara"? Você tem quase certeza de que quer passar o resto da vida com esse sujeito? Quando você decide assumir um compromisso com o cara que ama, promete superar quaisquer dúvidas remanescentes, colocá-las de lado e concentrar-se em fazer o relacionamento funcionar. No entanto, manter uma atitude positiva e o compromisso num relacionamento nem sempre é fácil e você com frequência precisará de um empurrãozinho a mais para seguir em frente.

O exercício a seguir a ajudará a documentar por que você ama seu namorado. Ele a fará se lembrar que você não o escolheu por ser perfeito. Você o escolheu porque o ama apesar das suas imperfeições. As perguntas correspondem a capítulos anteriores e esta lista a ajudará a organizar suas reações a cada capítulo em uma única folha. Quando terminar, guarde-a com você. Coloque-a na gaveta da mesinha-de-cabeceira. Deixe-a ao seu lado por anos e leia sempre quando sentir que precisa de um lembrete de por que quer fazer esse relacionamento funcionar.

Por que você "simplesmente soube"... Ou não soube?

Como foi que você e o seu cara se conheceram? Talvez você o tenha adorado logo de cara ou, quem sabe, ele não tenha conquistado seu coração até mais tarde. Mas, qualquer que seja sua história, escreva-a e concentre-se nos elementos que a tornam única. É importante ter em mente os motivos que a levaram a decidir fazer este relacionamento acontecer para início de conversa.

No entanto, também pense naquilo que a incomodou sobre a maneira que vocês se conheceram. Talvez você tenha a sensação de que o primeiro encontro que tiveram não tenha sido romântico o suficiente ou talvez tenha tido dúvidas no início e não sabia ao certo o que sentia. Seja sincera consigo mesma. Quais foram suas primeiras inquietações?

Pergunta fundamental: Como é que você irá conviver com essas inquietações? O que você vai fazer para lidar com elas se a incomodarem outra vez no futuro?

Como ele se parece quando comparado a outros caras?

Compare-o com todos os outros caras que você conhece. Concentre-se, primeiramente, em como ele é mais fofo, doce ou atencioso do que eles. O que ele tem que os outros não possuem? É fácil se ater a como ele não chega aos pés de outros homens, mas se você olhar outra vez, verá que ele também os supera de muitas maneiras.

Agora pense nos quesitos em que ele sai perdendo. Você conhece algum homem com um corpo mais sarado ou um que ganhe mais?

Pergunta fundamental: Como é que você vai conviver com o fato de que existe alguém por aí que é melhor nesses quesitos? Como isso irá afetá-la? Como você planeja lidar com as tentações?

Como é que o relacionamento de verdade a faz se sentir?

Quando a fase da lua-de-mel terminou e você começou a vê-lo sob uma luz nova e mais verdadeira, o que foi que você gostou nele? Quais descobertas positivas você fez que a mantiveram ao lado dele? Anote-as.

A seguir, pense em tudo aquilo que a levou à loucura e que a fez querer sair correndo. Por que não saiu?

Pergunta fundamental: Como é que você vai conviver com as coisas irritantes que ele faz e como pretende manter uma atitude positiva no que diz respeito ao relacionamento apesar delas?

O que torna as suas brigas aceitáveis?

Pense na maneira que vocês discutem e brigam. Como fazem para chegar a um acordo? O que ele faz para demonstrar que a perdoa? Como foi que as suas brigas serviram para uni-los ainda mais?

Agora pense nas coisas que ele faz numa briga e que a levam à loucura. Quais questionamentos permanecem sem resposta, independente da duração e da frequência com a qual vocês discutem?

Pergunta fundamental: Como você vai viver com essas questões se elas nunca forem resolvidas? No futuro, como pretende lidar com as coisas que a levam à loucura nas suas brigas?

Por que você bota fé?

Relembre as maneiras com que vocês se ajudaram durante situações difíceis. Por que vocês funcionam bem como uma equipe? Como compartilham as responsabilidades e trabalham juntos para resolver os problemas? Quais interesses compartilham? Pense nas maneiras que ele encontra para demonstrar que gosta de você.

Agora pense nos maiores fracassos de sua parceria. Em quais áreas o seu time precisa realizar melhorias significativas?

Pergunta fundamental: Como você vai conviver com as debilidades do seu time? Como pretende lidar com elas se no futuro se revelarem como um problema?

O que dá a ele um toque de heroísmo?

Como foi que ele demonstrou possuir qualidades importantes como a paciência e a honestidade? Como ele faz para lhe mostrar que você é importante para ele? O que ele já fez para demonstrar que as outras pessoas também são impor-

VÁ EM FRENTE...

tantes para ele? Pense em todos os motivos pelos quais você acredita que ele seja uma pessoa genuinamente boa.

Agora, pense em todas as maneiras em que ele nem sempre é tão nobre, os momentos nos quais ele pode ser tudo, menos um modelo de heroísmo.

Pergunta fundamental: O que a deixa suficientemente satisfeita para permanecer ao lado dele? No futuro, como pretende lidar com as deficiências de seu parceiro nas áreas em que ele é menos do que nobre?

Como você vai continuar sendo a mesma pessoa de sempre?

De que maneiras você vai manter sua própria vida e independência uma vez que estiver comprometida? Por que você acha que ele é um grande acréscimo à sua vida? Como ele a ajudará a ser uma versão ainda melhor de quem você já é?

Agora pense naquelas maneiras que ele a sufoca um pouquinho. Ou pense nas coisas que você sente que tem de mudar em si mesma para fazer o relacionamento funcionar.

Pergunta fundamental: O que torna essas mudanças toleráveis? Como você irá equilibrar suas necessidades pessoais com as dele se elas se tornarem conflitantes mais adiante?

Por que ele lhe cai bem?

O que nele a faz feliz? Pense em como você se sente quando está com ele, com que frequência vocês riem e conversam. Observe todas as coisas que fazem com que ele lhe caia como uma luva.

OU CASA OU VAZA

Pense também nas maneiras dele que não lhe caem tão bem assim. Ou observe as diferenças que você tem com a família ou com os amigos dele.

Pergunta fundamental: Você consegue viver com esse grau de caimento? Como pretende lidar com as áreas onde o encaixe não é tão perfeito assim? O que você vai fazer para impedir que as diferenças se interponham entre vocês?

Por que vocês dois são do tipo que assume compromisso?

Pense em como vocês dois estão prontos para assumir um compromisso de longo prazo. Recorde as conversas que já tiveram sobre fidelidade e confiança.

Recorde também quaisquer momentos em que você ficou nervosa e sentiu que não estava pronta para um compromisso sério, ou nos momentos que a fizeram questionar o grau de dedicação dele.

Pergunta fundamental: O que a faz pensar que ambos irão superar os medos e que estão prontos para assumir um compromisso de longo prazo? Como você vai lidar com quaisquer sensações que ameaçarem o compromisso no futuro?

Agora diga: você não o acha adorável?

Há muitos momentos em que tudo que você quer é abraçar seu namorado pelo fato de ele ser tão engraçado, gentil e doce. É provável que haja coisas que ele faz que ninguém mais notaria, coisas que você adora. Escreva todos os pequenos motivos pelos quais você gosta dele. Partindo daquele sorriso que só ele sabe dar, anote todas as coisas que fazem com que valha a pena ficar com ele e que você ainda não tenha incluído nos outros itens.

Pergunta fundamental: As coisas boas a respeito do seu namorado pesam muito mais do que as ruins? A essa altura, você está cansada de escrever coisas bacanas a respeito dele porque já escreveu uma montanha delas ao responder às perguntas anteriores? Esperamos que a resposta seja sim!

Vai chegar um dia em que você não vai se lembrar do motivo pelo qual está com o seu cara. Pode ser que você esteja zangada com ele, que esteja sentindo que o relacionamento está indo para o brejo ou que esteja tentada a deixá-lo. Essa lista será seu lembrete positivo, aquela vozinha que diz: "Você assumiu um compromisso. Você o ama. Agora trabalhe para fazer isto durar."

Perspectivas positivas

O compromisso dá trabalho, mas nem tudo é ralação. É divertido, emocionante e compensador também. Por que outro motivo tanta gente escolheria selar um acordo com a pessoa amada

OU CASA OU VAZA

todos os dias? Segundo o Censo de 2000, mais de 120 milhões de pessoas nos Estados Unidos (54,4% das pessoas acima de quinze anos) estavam casadas e o número nem leva em conta todas as que assumiram compromissos menos tradicionais ou viúvos. Assim, embora seja importante manter um relacionamento em perspectiva e esperar enfrentar desafios pelo caminho, é igualmente importante manter uma atitude positiva e se dar conta de que você pode fazê-lo funcionar.

Notícias encorajadoras

Não são poucos os artigos e histórias que destacam os riscos de se assumir um compromisso com alguém. Relatos de celebridades e até mesmo de gente comum mostram o sofrimento emocional, as batalhas por bens, traições e muitos outros problemas que atormentam casais de todo o mundo. Mas nem todas as notícias que rolam por aí são ruins. Há muitos estudos e relatórios que indicam que estar comprometido num relacionamento faz bem. Eis algumas notas promissoras sobre a vida a dois:

- Muita gente argumenta que a conhecida estatística de que "mais de 50 por cento dos casamentos acaba em divórcio" é baseada numa lógica questionável. Dizem que o número de divórcios não é tão grande assim. No mínimo, há evidências de que o índice de divórcios diminuiu modestamente nos últimos anos.
- Segundo Linda Waite, professora de sociologia da Universidade de Chicago, ao contrário da crença popular, casais comprometidos fazem mais sexo e de qualidade ainda mais satisfatória do que suas contrapartes solteiras.

- Waite também descobriu que a expectativa de vida e a renda são substancialmente mais altas para quem é casado.
- Estudos citam os inúmeros benefícios emocionais do casamento incluindo o companheirismo, o sentimento de importância, de pertencimento e um maior bem-estar generalizado.
- O Dr. Ted Huston, professor de Psicologia e Ecologia Humana da Universidade do Texas, descobriu que quem leva bastante tempo se conhecendo antes de casar – o grupo também conhecido como "a turma da câmera lenta" –, tem melhores perspectivas de permanecer comprometido no longo prazo.
- Estudos concluíram que mulheres que se encontram em relacionamentos felizes são fisicamente mais saudáveis do que as solteiras, divorciadas e viúvas.
- Alguns especialistas dizem que casais que se casaram mais tarde estão menos propensos a se divorciarem.

É claro que esses benefícios não se aplicam a mulheres que se encontram em relacionamentos violentos ou infelizes. Não existe vantagem alguma em ficar com um homem que não é certo para você. Mas, se seu relacionamento é razoavelmente feliz, você irá colher os frutos desses benefícios.

O melhor ainda está por vir

Além desses estudos favoráveis, muitas mulheres que se encontram em relacionamentos de longo prazo oferecem motivos pelos quais estão satisfeitas por terem mergulhado de cabeça. Eis algumas das coisas pelas quais você pode ansiar quando se tornam um casal comprometido:

OU CASA OU VAZA

- "O melhor de ser casada com o Mark é o fato de sempre ter um amigão bem ali com quem compartilhar a vida. É uma sensação tão maravilhosa saber que tem alguém que gosta de você ao seu lado, o tempo todo!" – Kristin, 37 anos.

- "Quando namorávamos, Frank e eu nunca nos sentimos tão próximos como nos sentimos agora. Algo sobre assumir um compromisso formal um com o outro tornou a nossa ligação mais real." – Ruth, 44 anos.

- "Amo o fato do Joe recordar tantas das coisas engraçadas que aconteceram com a gente ao longo dos anos. Isso me dá a sensação de termos vivido de verdade. Temos toda uma história em comum para compartilhar quando conversamos." – Sharon, 64 anos.

- "A verdade é que realmente gosto de saber como controlar as reações dele. Às vezes é engraçado. Você realmente não sabe como fazer seu marido se contorcer inteirinho até já estar com ele há alguns anos." – Joy, 33 anos.

- "Adoro trabalhar sozinha e ter tempo para mim, mas mesmo quando estou fazendo minhas coisas, o Todd está por perto caso eu precise dele. Eu sinto que tenho o melhor dos dois mundos – minha própria vida e uma vida com um homem maravilhoso." – Nancy, 36 anos.

- "É tão legal poder fazer planos para o futuro! Eu costumava tentar imaginar onde estaria daqui a dez anos e sempre havia muita incerteza. Ainda curto um certo grau de espontaneidade na minha vida, mas é bacana poder visualizar a pessoa que vai estar comigo daqui a algum tempo fazendo essas coisas espontâneas." – Elizabeth, 38 anos.

É fácil ter a impressão, através da mídia e de outros casais, que assumir um compromisso junto a outra pessoa é uma sentença de morte. Muitas histórias nos levam a crer que se

VÁ EM FRENTE...

nos comprometermos com alguém podemos nos preparar para um rompimento horrível ou anos de relacionamento infeliz. Mas há muitos estudos e histórias que pintam um quadro bem mais otimista da vida a dois. É óbvio que ninguém se beneficia de um relacionamento infeliz, violento ou sufocante. No entanto, casais razoavelmente felizes têm muitos motivos para comemorar.

> Um bom casamento seria entre uma mulher cega e um marido surdo.
>
> HONORÉ DE BALZAC

Permanecendo felizes

Mas como é que casais permanecem felizes se vivem todos os dias com pequenas irritações, dúvidas e aborrecimentos provocados pelo parceiro? Está aí uma pergunta que pesquisadores, psicólogos e casais de verdade passam muito tempo tentando responder. Alguns argumentam que é impossível manter um relacionamento vivo hoje em dia, mas muitos casais que vêm conseguindo isso há anos afirmam que não é tão difícil quanto se possa pensar. Há ocasiões em que dá muito trabalho e momentos em que a sua paciência é testada mas, no final, vocês podem continuar felizes caso se concentrem no compromisso que assumiram.

OU CASA OU VAZA

> Talvez mais casamentos sobrevivessem se os parceiros se dessem conta de que, às vezes, o melhor vem depois.
>
> **DOUG LARSON**

Como manda o figurino

Qual é o segredo para a felicidade duradoura do relacionamento? São jantares românticos a dois ou segurança financeira? Envolve terapia de casal? Embora não exista uma pílula mágica ou uma resposta única, esses conceitos básicos podem ajudar você e o seu cara a permanecerem juntos durante os bons e os maus momentos.

Mantenham suas próprias vidas em ordem

Para um relacionamento funcionar, cada uma das pessoas que o está vivendo precisa estar feliz. Se você estiver deprimida ou se sentindo sobrecarregada por eventos que fazem parte da sua vida, no trabalho ou em casa, sua atitude negativa irá afetar seu parceiro. Assim, o primeiro passo para manter seu casamento feliz é manter-se feliz.

Conversem (mesmo que ele não queira)

Todos os casais felizes enfatizam a necessidade de se comunicarem. Encontrem tempo, todos os dias, para conversarem sobre as questões mundanas e as questões importantes que fazem parte de suas vidas. Nunca parem de se comunicar, mesmo que estejam tão ocupados que mal tenham tempo para tomar banho. Deem prioridade absoluta para conversarem um com o outro.

Criem regras

Assegurem-se de que sabem o que esperar um do outro e como cada um se sentirá se alguém fizer algo para magoar a outra parte. Explicitem o grau de afetividade do qual necessitam e como definem lealdade. Não fiquem esperando até que alguma coisa de ruim aconteça no relacionamento para fazer com que seus padrões e expectativas sejam conhecidos.

Tenham expectativas realistas

Certifiquem-se de que ambos se deem conta de que enfrentarão obstáculos como um casal. Reconheçam que manter a concentração no relacionamento pode ser difícil, em especial quando a vida estiver agitada e as pressões no trabalho e em casa forem crescentes. Não fiquem esperando perfeição um do outro. Sejam realistas naquilo que esperam. Além disso, conversem sobre as próprias necessidades. Deixe claro para ele do que você necessita e por quê. Não fique esperando que ele leia sua mente.

Engulam um sapinho pelo time

Não sejam orgulhosos demais a ponto de não serem o primeiro a dizer "Me perdoe". Estar comprometido significa que, às vezes, é você quem tem de vestir a carapuça. É você quem tem de chorar e pedir perdão. A maneira mais fácil de colocar um ponto final numa briga é dizendo "me desculpe". Tentem validar o ponto de vista do outro até mesmo quando estiverem zangados e irritados.

Persigam a positividade

Interpretem as observações e humores do outro da maneira mais positiva que puderem. Não procurem motivos para se irritarem ou para se sentirem desapontados. Concentrem-se nos motivos que fazem com que se sintam felizes no relacionamento. Se vocês vão se controlar, controlem o que o outro faz de certo. Se forem procurar motivos para ficar com raiva um do outro, irão encontrar.

Não olhem para trás

Uma vez que vocês assumirem um compromisso, tirem da cabeça expressões como "e se" e "poderia ter sido". Olhem para frente. Concentrem-se no futuro, na decisão que vocês tomaram e no que podem fazer para tornar o relacionamento o melhor possível.

Sabedoria do mundo real

Além dessas diretrizes universais, pense nas pequenas coisas que irão funcionar para você e para seu parceiro. O que há de único no seu relacionamento e o que vocês dois podem fazer para que ele dure? Eis algumas sugestões dadas por casais de verdade:

VÁ EM FRENTE...

- "Vocês têm de continuar a se divertir. Não vão poder curtir a vida eternamente da mesma forma que faziam assim que se conheceram, mas precisam encontrar novas maneiras de se divertirem a valer juntos." – Lisa, 40 anos.
- "Vocês precisam arranjar tempo para conversarem sem distrações. Não fiquem achando que vai dar para encaixar. Marquem uma caminhada por semana ou um jantar onde possam conversar sobre a vida em comum." – Jill, 36 anos.
- "Pare de prestar atenção para o que as outras mulheres possuem. Claro, talvez o marido da fulana limpe o banheiro, mas olhe só que testa enorme ele tem. Tem certeza que gostaria de ser casada com aquilo?" – Christine, 29 anos.
- "Jamais traia. Não dá nunca para perdoar de verdade outra pessoa por destruir um relacionamento que levou anos para ser construído. E por que você haveria de querer fazer uma coisa dessas?" – Maria, 45 anos.
- "Não deixe os sogros mandarem na sua vida. Isso pode ser mais fácil de falar do que de fazer, mas você precisa tomar decisões com base no que funciona para vocês como um casal e não no que é bom para eles." – Trish, 34 anos.
- "Se vocês deixarem os filhos terem precedência sobre o casamento, a relação irá desmoronar. É óbvio que eles são importantes, mas é preciso cuidar também do relacionamento. – Patricia, 40 anos.
- "Diga a verdade sobre as questões maiores – dinheiro, sexo, filhos, saúde –, mas minta muito sobre a aparência do outro." – Heather, 43 anos.

OU CASA OU VAZA

> Algumas pessoas perguntam qual é o segredo do nosso longo casamento. Arranjamos tempo para jantar fora duas vezes na semana. Luz de velas, jantar, música suave e dança. Ela vai às terças, eu vou às sextas.
>
> HENRY YOUNGMAN

Você nunca para de tentar aparar todas as arestas de um relacionamento – afinal, se você conseguisse, tudo ficaria lisinho demais e, então, qual seria a graça? Mas se vocês continuarem dedicados um ao outro e ao compromisso que assumiram, o relacionamento irá vicejar. Pouco a pouco, ficará tão entrelaçado que vocês até mesmo começarão a se parecer. (Mas não se preocupe... o gêmeo feioso é ele.) É claro que você vai ter de suportar momentos que mais parecerão um pesadelo e que testarão o relacionamento de todos os ângulos possíveis e imagináveis. Mas vocês também terão muitos momentos maravilhosos e motivos para comemorar. Vocês nunca pararão de aprender um sobre o outro e cada pepita de informação os unirá mais e mais. Cada batalha, cada diferença e cada momento divertido solidificarão o laço que existe entre vocês.

> O amor parece ser o mais veloz, embora seja o mais lento de todos os crescimentos. Nenhum homem ou mulher realmente sabe o que é o amor perfeito até ter sido casado por um quarto de século.
>
> MARK TWAIN

Conclusão

Você respondeu a todas as perguntas, até mesmo as mais difíceis. Já analisou seu namorado de dentro para fora e de ponta-cabeça, o analisou debaixo de uma lâmpada através de uma lupa. Você fez o possível para prever que tipo de impacto ele terá no seu futuro. Mas, ainda assim, você simplesmente não tem certeza. Será que ele é "O Cara"? Será que realmente pode ser?

Você continua à espera de um sinal, da resposta de ouro. Mas agora você suspeita que não haja esse tipo de resposta. Você se pergunta se talvez esteja tentando resolver um enigma que não é completamente solucionável. Assim, pensa no seu cara outra vez e no que a respeito dele você ama. Então, você finalmente aceita o fato de que não existe verdade absoluta, nenhuma maneira de saber que ele é o cara certo, nenhuma fórmula, revelação mediúnica, nenhum relatório astrológico, leitura de tarô, exame de DNA, detector de mentiras, placa faiscante de neon, outdoor, luz no céu, raio, visita de assombração, momento de clareza absoluta no qual todas as suas perguntas são respondidas e o futuro apresentado à sua frente.

OU CASA OU VAZA

Escolher um companheiro para toda a vida é a última demonstração de fé cega que ainda resta neste mundo, algo que você precisa fazer sozinha. Mas você consegue! Você e só você pode colher toda a sabedoria e experiência que tem para decidir de uma vez por todas se é, realmente, melhor ficar solteira.

Referências

Atkins, Dale. Psicólogo e especialista em relacionamentos para o site *www.weddingchannel.com*. Citado por Kim Campbell, "I Do, I Don't, I'm Not Sure: Modern Wedding Jitters". *The Christian Science Monitor*, 5 de maio de 2005.

Baumgardner, Julie. Diretora da First Things First. Citada por Julie Baumgardner em "Determining if a Guy is Really Marriage Material". *Chattanooga Times Free Press*, 11 de julho de 2004.

Gottman, Dr. John. Professor de Psicologia, Universidade de Washington. *www.johngottman.com*. Citado por Shia Kapos em "Curtailing Criticism Can Help a Couple". *Chicago Tribune*, 21 de julho de 2004. Também citado por Kathleen Kelleher em "Birds & Bees: Dissecting the Dysfunctions that Lead Down the Path to Divorce." *The Los Angeles Times*, 18 de setembro de 2000.

Hazen, Cindy. Psicóloga da Cornell University. Citada por Patricia Wen em "In Science, Love Now Has a Reality Check". *The Boston Globe*, 14 de fevereiro de 2001.

Huston, Dr. Ted, Professor de Psicologia e Ecologia Humana, Universidade do Texas, Austin. Citado por Kaja Perina em "Courting Disaster: Can You Predict Which Marriages Will Last?" *Psychology Today* 36, no. 3 (1º de maio de 2003): 11. Também citado por

Carey, Benedict em "The Brain In Love". *The Los Angeles Times*, 16 de dezembro de 2002, sec. 6.

Luo, Shanhong e Eva C. Klohen. "Mating and the Marital Quality of Newlyweds: A Couple Centered Approach". *Journal of Personality and Social Psychology* 88. No. 2 (2005): 304-326.

MaCrae C.N., K.A. Alnwick, A.B. Milne, A.M. Schloerscheidt. "Person Perception Across the Menstrual Cycle: Hormonal Influences on Social-Cognitive Functioning". *Psychological Science* 13, no. 6 (Novembro de 2002): 532-536.

Marazziti, Donatella e Domenico Canaleb. "Hormonal Changes When Falling in Love". *Psychoneuroendocrinology* 29, no. 7 (agosto de 2004): 931-36.

Merrill, Dr. Tom. Psicólogo clínico e forense. *www.tommerrill.com*. Citado por Dr. Tom Merrill em "The Art of Unlimited Relationships", *Cox News Service*, 30 de março de 2005.

Pasternak, Anna. "Generation Ex", *Daily Mail*, 2 de setembro de 2004, primeira edição.

Peltomaa, Bonnie J. "What the World Needs Now Really is Love", *Mansfield News Journal*, 29 de janeiro de 2005.

Potts, Ken, "Love at First Sight Isn't Enough to Sustain a Happy Marriage". *Chicago Daily Herald*, 6 de novembro de 2004.

Ramirez Jr., Artemio e Michael Sunnafrank. "At First Sight: Persistent Relational Effects of Get-Acquainted Conversations". *Journal of Social and Personal Relationships* 21, nº 3 (2004): 361-79.

Resumo Censo EUA 2000, "Estado Civil" *www.census.gov* (acessado em outubro de 2003).

Waite, Linda. Professora de sociologia, Universidade de Chicago. Citada por William Poter em "Marriage is Good for You In Lots of Ways, Studies Find". *The Denver Post*, 6 de fevereiro de 2001.

Sobre a autora

Alison James é especialista em problemas relativos a relacionamentos e estilo de vida que afetam as mulheres de hoje. Ela possui um histórico único que combina políticas públicas com experiências pessoais e que lhe permite criar livros que divertem, incentivam e inspiram as mulheres. Formada pela Woodrow Wilson School, da Princeton University, e pela London School of Economics, James já pesquisou uma variedade de questões políticas que incluem, por exemplo, como a mídia influencia a psique e o desenvolvimento pessoal femininos em diversas áreas.

James começou sua carreira como conselheira e mentora de jovens mulheres em Johnson City, Nova York, sua cidadezinha natal. Hoje, sua obra é conhecida internacionalmente. Seus livros anteriores incluem *As 10 mulheres que você vai ser antes dos 35* e o guia de sobrevivência a rompimentos *Eu tinha saudades dele, mas estou melhorando*. Seus trabalhos já foram publicados na *Maxim, Woman's Own, Complete Woman, More Magazine, USA Weekend, Ladies' Home Journal, The Wall Street Journal, The New York Post, The London Daily Mirror* e outras. Ela já apareceu no programa "The Most Awesomely Bad Breakup Songs" do canal VH1; no "Soap Talk" da Soap Network; no CBS Evening News; Cinemax; no programa "Talk of the Town", de Nashville e em diversos comerciais veiculados nos Estados Unidos. Já foi entrevistada em mais de 200 estações de rádio na América do Norte, Europa e Austrália.

Alison James é Diretora Financeira da A&E Television Networks e do The History Channel. Ela mora em Nova York.

Este livro foi composto na tipologia Adobe Rotis Serif 55,
em corpo 11/16.1, e impresso em papel offwhite 80g/m²
no Sistema Cameron da Divisão Gráfica da Distribuidora Record.